2013.06

FINANCIAL STATISTICS AND ANALYSIS

金融统计与分析

中国人民银行调查统计司　编

中国金融出版社

责任编辑：贾　真　肖丽敏
责任校对：张志文
责任印制：程　颖

图书在版编目(CIP)数据

金融统计与分析(Jinrong Tongji yu Fenxi)（2013.06）/中国人民银行调查统计司编.—北京：中国金融出版社，2013.6
ISBN 978-7-5049-7016-9

Ⅰ.①金… Ⅱ.①中… Ⅲ.①金融统计—统计分析—研究报告—中国—2013 Ⅳ.①F832.1

中国版本图书馆CIP数据核字（2013）第137526号

出版发行 中国金融出版社
社址 北京市丰台区益泽路2号
市场开发部 (010) 63266347，63805472，63439533（传真）
网上书店 http://www.chinafph.com
(010) 63286832，63365686（传真）
读者服务部 (010) 66070833，62568380
邮编 100071
经销 新华书店
印刷 北京市松源印刷有限公司
装订 平阳装订厂
尺寸 185毫米×260毫米
印张 8.5
字数 156千
版次 2013年6月第1版
印次 2013年6月第1次印刷
定价 30.00元
ISBN 978-7-5049-7016-9/F.6576

FINANCIAL STATISTICS AND ANALYSIS

CONTENTS

目录

目录

FINANCIAL STATISTICS AND ANALYSIS

CONTENTS

我国银行利润哪来的，哪去了？

盛松成

2010年、2011年我国商业银行净利润高速增长，增速达到36%左右，2012年下降至19%。近年来的盈利增长，使银行业不仅能计提大量资产减值损失准备，提高风险抵补能力，而且能留存较多利润以补充资本，为满足实体经济融资需求创造有利条件。目前，银行业在经营管理效率、风险管控能力、盈利能力等方面取得了长足发展。长期来看，随着利率市场化和直接融资的发展，银行息差可能缩小，利润增速可能下降，未来银行业需要调整经营发展战略，拓展盈利空间。

银行业盈利增长是金融改革发展的成果，与宏观经济环境密切相关，也是金融持续支持经济发展的需要。要发展中小金融机构，增加小微企业金融服务，促进民间资本进入银行业，让更多的社会资本分享银行业发展成果。同时，要积极推进利率市场化，进一步发挥市场配置资金的作用，提高金融服务实体经济的能力。

一、银行业利润哪来的？

（一）多重因素影响银行业盈利增速

2007~2012年，我国商业银行每年的净利润从3000多亿元增长到1.2万亿元，年均增长29.6%（见图1），尤其是2010年、2011年，增速达到36%左右。收入、成本和拨备的变化是影响银行业利润增速的主要因素。

图1　商业银行净利润

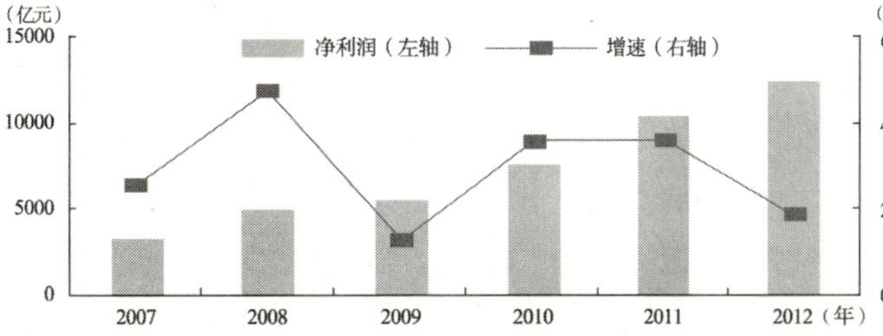

1. 收入因素。利息收入和手续费净收入分别占商业银行营业收入的 80%和 15%左右。

首先，生息资产规模和净息差决定利息收入。利息收入是我国商业银行的主要营业收入，包括利息净收入和债券投资利息收入，两者分别占营业收入的 60%和 20%左右。以贷款和债券为主的生息资产规模和净息差决定利息收入。2010 年、2011 年较快的生息资产增长速度和稳定上升的净息差促成了利息收入的高增长。2010 年、2011 年上市银行利息收入增速高达 28%和 24%。2012 年净息差相对平稳，但生息资产扩张速度有所放缓，导致利息收入增速回落。2012 年，上市银行利息收入增速回落到 15%左右。

其次，资本市场行情、监管层价格管理政策等因素影响手续费及佣金净收入。银行托管、基金代销等手续费及佣金收入受资本市场行情影响。2007 年，资本市场行情较好，银行机构手续费及佣金净收入增速普遍较高。2009 年，资本市场"由牛转熊"，手续费及佣金净收入增速有所回落。2010 年、2011 年在银行大力发展中间业务的推动下，手续费及佣金净收入增速有所回升。2012 年，资本市场仍然相对低迷，监管层又规范银行服务收费，手续费及佣金净收入增速大幅下降，上市银行手续费及佣金净收入增速近六年来首次低于 20%，工商银行、农业银行和建设银行等机构增速甚至低于 10%。

2. 成本因素。除 2009 年外，商业银行成本收入比持续下降，银行业经营管理效率逐年提高，这也是近年来银行利润增长的因素之一。2007~2008 年、2010~2012 年，商业银行成本收入比分别比上年下降 1.9 个、2.4 个、2.9 个、1.9 个和 0.3 个百分点。由于部分营业支出具有刚性，银行业成本收入比下降空间有限，2012 年下降幅度有所减小。

3. 拨备因素。2007~2012 年，商业银行资产减值准备金从 6000 亿元增长到 1.5 万亿元，拨备覆盖率从 41%提高到 296%。每年计提的资产减值损失规模主要受宏观经济形势及银行对未来资产质量变化趋势的判断的影响。2008 年，我国经济受国际金融危机冲击明显下滑，银行业计提资产减值损失比上年显著增长。最近三年，银行业抵御风险能力逐步提高，整体信用风险得到有效控制。尽管 2012 年商业银行不良贷款出现反弹，但经济企稳缓解了不良贷款上升的压力。2010~2012 年，资产减值损失准备稳定增长。

（二）间接融资为主的社会融资格局决定了银行收入结构

我国的社会融资以间接融资为主，利息收入也成为银行的主要收入。实体经济以银行贷款为主要融资渠道，银行则以经营存贷款为主要业务。尽管近年来我国直接融资快速发展，但目前间接融资占比仍高达 75%以上，而发达国家这一比例一般不到 50%。

我国金融业分业经营模式也是银行业收入来源比较单一的重要原因。欧美国家银行业非利息收入占营业收入的比重普遍高于30%。欧洲银行业混业经营，美国银行业有限混业经营。欧美国家银行不仅从事传统的存贷款业务，还从事资信评估、金融交易等大量综合性业务。我国非利息收入主要是手续费及佣金收入，而欧美银行业在手续费及佣金收入之外，还有大量金融交易收入和其他非利息收入。2009年，法国银行业金融交易净收入和其他非利息净收入合计占非利息收入的50%，占主营业务收入的29%；美国银行业除手续费及佣金外的其他非利息收入占非利息收入的58%，占主营业务收入的21%。可见，我国银行收入来源与欧美国家不同，不能简单类比。

近年来，我国银行业收入结构逐步改善，银行手续费及佣金净收入持续增长，占主营业务收入的比重逐年提高。2012年，上市银行手续费及佣金净收入比重达18%，其中部分国有大型银行已达20%左右，接近国际性大银行水平。

二、银行业利润哪去了？

（一）用于计提资产减值损失准备，以丰补歉

银行业风险高，其效益与宏观经济形势正相关。在经济上升期银行需要增提拨备，为经济下行期弥补损失做准备。我国银行曾背负长期形成的政策性历史包袱，这些包袱主要通过国家政策和银行重组逐步消化。银行改制重组后，需要依靠自身力量来应对经济周期波动，所以在经济形势相对较好的时期应增加拨备，以应对未来可能出现的不良贷款反弹和经济周期波动。2007~2012年，我国商业银行资产减值准备金余额从6000亿元增加到1.5万亿元，风险抵补能力大幅增强。以A股上市银行为例，2010年和2011年，上市银行提取的资产减值损失占拨备前利润的15%。

（二）用于所得税和投资者分红，其中很大部分用以支付银行改制成本

2010年和2011年，上市银行缴纳的所得税占拨备前利润的20%，占所有上市公司所得税总额的44%。此外，银行在拨备前还需缴纳营业税及附加。2010年和2011年，上市银行缴纳营业税及附加近2500亿元。

据测算，2010年和2011年，上市银行对投资者分配的红利约占拨备前利润的23%。国有股占银行业总股本的大部分，银行分配红利的很大部分也归国家所有。直接和间接归属于国家的红利占上市银行全部分红的60%以上。

所得税和国有股红利是国家在银行改制中大量投入的回报。2003~2009年，工商银行、农业银行、中国银行、建设银行、交通银行、光大银行和中信银行七家银行陆续完成财务重组，国家先后剥离银行不良贷款2万亿元，注资约合6546亿元等值人民币。国家财政与改制银行、资产管理公司建立共管基金，购买剥离的银行不良资产。偿付共管基金的资金主要来源于改制银行的所得税和股权分红。此外，财政还发行特别国债，注资成立中投公司，通过该公司注资大型国有银行，并以这些银行的股权分红

支付特别国债利息。

（三）用于留存利润，内源性补充资本

银行是高风险行业，需要充足的资本。这次国际金融危机之所以如此严重，原因之一就在于银行缺乏充足的、高质量的资本。所以，巴塞尔资本协议——从 BASEL Ⅰ 到 BASELⅢ都特别强调银行的资本充足率。根据资本充足率要求，银行要不断增加贷款，就必须不断补充资本金。2008~2012 年，我国金融机构本外币贷款新增 41 万亿元；按 10%的资本充足率计算，就必须增加 4.1 万亿元的资本。

银行可以通过净利润留存、发行次级债和资本市场融资等方式补充资本，但过于依赖外部融资会冲击资本市场。来自净利润留存的内源性融资，是目前我国银行业补充核心资本的主要渠道。2010 年和 2011 年，上市银行增加的 1.5 万亿元核心资本中，近 1 万亿元来自净利润（包括未分配利润转增资本、盈余公积和一般风险准备），占比 60%以上。近 1 万亿元的净利润留存占同期上市银行拨备前利润的 42%。内源性融资不仅为银行业持续支持实体经济提供了资本保障，也减轻了外部融资对资本市场的冲击。

三、对银行业盈利增长的几点认识

（一）银行业盈利增长是我国金融改革发展的成果

从 2003 年开始，国家启动了银行业全面改革。对国有商业银行和部分股份制银行实行了资产损失核销、不良资产处置、资本金补充、公开发行上市等系列改革，极大地改善了银行资产质量，提高了资本充足率。2003~2012 年，商业银行不良贷款余额由 2.1 万亿元下降至 4929 亿元，不良贷款率由 17.9%下降至 0.95%；资本充足率由–3%提高至 13.3%。同时，建立公司治理结构，引入战略投资者，全面提高了银行经营管理能力，构筑了风险防范机制。近年来，银行盈利水平逐步提高，改革成果不断显现。

（二）银行业盈利增长与宏观经济环境改善密切相关，与工业企业利润增长基本一致

近年来，银行业健康发展为实体经济提供了良好的融资环境；国民经济平稳较快发展，又为银行业利润增长创造了有利条件。随着经济发展和金融生态环境改善，银行业务不断扩大，贷款质量不断改善，盈利能力不断提高。

银行业利润增长态势与工业企业基本一致。2007~2012 年，规模以上工业企业利润年均增长 21.6%，其中，私营企业年均增长 36.7%。2011 年，39 个工业大类行业中，农副食品加工业、食品制造业和有色金属冶炼及压延加工业等 14 个行业利润增速高于商业银行。2012 年，41 个工业大类行业中，12 个行业利润增速高于商业银行。

需要指出的是，银行的资本利润率不能简单与工业企业相比较，这主要是因为两者的资产结构和资本承担的风险很不相同。银行是经营货币、信用的特殊行业，面临较高的风险，且银行资产主要来自负债，资产/资本的比例往往超过十倍，远高于工业企业。银行资本承担的风险也远高于工业企业。所以，银行应有更高的资本回报，才能满足高风险经营的需要。此外，银行效益具有明显的周期性波动特点，应该从整个经济周期，甚至更长时期考察银行盈利水平，而不能只看某一时段的数据。1998 年、1999 年银行业整体亏损，资本利润率为负值。此后多年，资本利润率都很低。

（三）目前我国银行整体利润率略高于部分欧美国家危机前水平，国有大型银行利润率与国际性大银行危机前水平相当

这次国际金融危机对欧美日韩等国的银行业造成了很大冲击。2008 年，法国、美国、瑞士、比利时、澳大利亚、日本和韩国等国家的银行业都出现了亏损，目前盈利能力也没有恢复到危机前水平。所以，不能简单地将我国银行业目前的盈利水平与国际银行业相比较，而应与危机前（2006 年）的国际银行业作比较。我们发现，我国银行业资产利润率高于法国、意大利、瑞士、日本等国家，与韩国和美国接近，低于俄罗斯；资本利润率高于美国、意大利、瑞士、日本和韩国，与俄罗斯、加拿大和法国接近，低于比利时。

2012 年，我国工商银行、农业银行、中国银行、建设银行、交通银行等

表 1　部分国际性大银行资产利润率　（单位：%）

机构 \ 年份	2002	2003	2004	2005	2006	2007	2008	2009	2010	2011
花旗银行	1.44	1.51	1.24	1.64	1.29	0.17	−1.32	−0.09	0.55	0.57
汇丰银行	0.86	0.98	1.02	1.09	0.94	0.91	0.23	0.24	0.55	0.67
美国银行	1.44	1.51	1.46	1.35	1.50	0.95	0.14	−0.10	−0.16	0.00
富国银行	1.68	1.66	1.71	1.72	1.73	1.53	0.32	0.63	0.94	1.18
摩根大通银行	0.22	0.86	0.47	0.72	1.11	1.03	0.25	0.42	0.75	0.79

数据来源：Ycharts。

表 2　部分国际性大银行资本利润率　（单位：%）

机构 \ 年份	2002	2003	2004	2005	2006	2007	2008	2009	2010	2011
花旗银行	18.59	19.63	16.87	22.29	18.73	2.98	−27.50	−1.54	6.66	6.32
汇丰银行	12.68	13.83	14.70	16.85	15.73	16.18	5.17	5.26	9.54	10.96
美国银行	19.04	21.56	17.87	16.42	16.94	10.97	1.84	−1.23	−1.72	0.04
富国银行	18.87	19.56	19.67	19.76	19.78	17.40	4.57	9.09	10.34	11.99
摩根大通银行	3.92	15.42	6.35	8.01	13.00	12.52	3.66	6.00	9.72	10.14

数据来源：Ycharts。

大型商业银行资产利润率为1.1%~1.5%，资本利润率为16%~22%，与花旗银行、汇丰银行、美国银行、富国银行等国际性大银行危机前的水平接近（见表1、表2）。

（四）银行业盈利增长是金融持续支持经济发展的需要

现阶段，我国仍以间接融资为主。短期内，银行信贷增速不会明显放缓。为满足实体经济不断增长的贷款需求，银行必须获得持续的资本金补充。目前内源性融资已占我国上市银行核心资本增加额的60%以上。用利润补充资本是银行业支持实体经济发展的必要条件。

假设我国2013年新增8.5万亿~9万亿元贷款，按12%的资本充足率简单估算，不考虑其他表内外风险资产增长，仅此一项需增加约1万亿元资本金；按照2010年、2011年上市银行资本补充的来源推算，2013年银行业需要实现净利润1万亿~1.1万亿元才能满足贷款增长对资本补充的需要。按照目前的盈利能力，我国银行业能够满足正常的贷款需求，并能够有效抵御未来可能发生的经营风险。2012年末，我国商业银行资本充足率13.3%，高于巴塞尔协议要求。

（五）长期来看，随着利率市场化和直接融资的发展，银行息差可能缩小，利润增速可能下降，未来银行业需要调整经营发展战略，拓展盈利空间

如果不改善业务结构，银行盈利增速可能下降。因此，银行业需要加快业务转型，发展金融市场业务，提高中间业务收入，以调整利润结构，拓展盈利空间。

（六）发展中小金融机构，增加小微企业金融服务，促进民间资本进入银行业，让更多的社会资本分享银行业发展成果

目前我国通过鼓励试点、放宽准入等措施，着力培养和发展中小金融机构，取得了积极进展。应继续探索解决中小金融机构的市场准入和退出、区域布局、风险防范等问题，鼓励、引导和规范民间资本进入银行业，增加小微企业金融服务。中小金融机构发展和民间资本进入，也将改善银行业组织结构，推动市场竞争，并让更多的社会资本分享银行业发展成果。

（七）积极推进利率市场化

目前，我国债券、商业票据及货币市场的利率已实现市场化。2012年6月和7月，存贷款利率浮动区间扩大，利率市场化迈出重要一步。要进一步推进利率市场化，强化金融机构财务约束，增强市场配置资金作用，促进经济发展和经济结构转型。

作者单位：中国人民银行调查统计司
（本文仅反映作者本人的观点，不代表所服务机构的意见）

大宗商品价格运行及其未来发展趋势

中国人民银行调查统计司经济分析处

经过2009年和2010年的稳定回升之后，国际大宗商品价格再次回落，最近数月总体比较平稳。大宗商品价格走势与全球经济增长密切相关。对于具体的大宗商品类别来说，供给方面的因素也有重要影响，例如天气对于食品价格的影响，生产者的生产决策和地缘政治等因素对石油价格的影响。2013年，国际经济缓慢复苏，农业生产状况良好，原油供应充足。预计国际大宗商品价格将总体保持平稳，可能出现季节性波动，快速上涨的风险较小。

一、当前大宗商品价格运行情况

（一）大宗商品价格总体比较平稳

经过2009年和2010年的稳定回升之后，国际大宗商品价格再次回落，最近数月总体比较平稳。国际货币基金组织（IMF）发布的以美元计价（2005年=100）的初级产品价格指数（PCPI）2013年3月为183.3，连续3个月小幅回升后回落，较上月下降7.1，比前期高点2011年4月下降12.6%，比金融危机后的最低点高86.6%。从同比增速看，3月初级产品价格指数同比下降9.1%，降幅比上月扩大6.4个百分点。CRB现货指数2013年3月为482.3，较上月提高7.2，比前期高点2011年3月下降15.5%，比金融危机后的最低点高54.9%。从同比增速看，3月CRB现货指数同比下降3.0%，降幅比上月缩小2.5个百分点。PCPI和CRB指数的走势总体一致，短期走势的区别与指数构成不同有关。

（二）食品价格略有回落

IMF初级产品价格指数中食品和饮料价格约占1/6。食品和饮料价格指数在2011年下半年持续回落后，从2012年起又总体呈现上升走势。2013年3月，该指数为176.1，连续3个月小幅上涨后略有回落，比上月低1.7。其中，食品价格指数与食品和饮料价格指数走势一致，为179.0，比上月低1.7，而饮料价格指数连续6个月回落，为149.9，比上月低1.8。

图 1　大宗商品价格走势

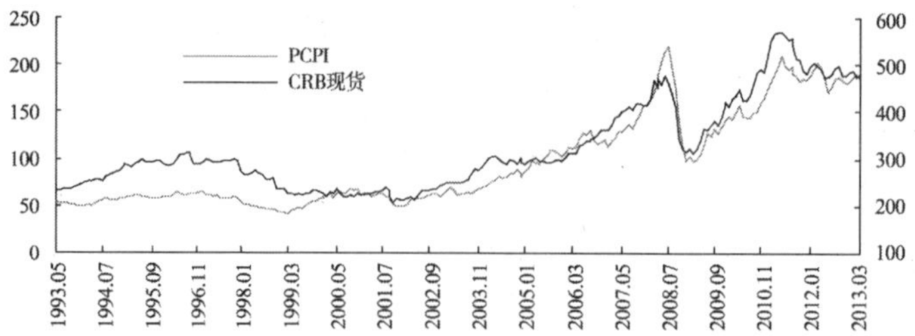

数据来源：路透网、IMF。

其中，农业原材料价格指数为 131.8，比上月回落 1.1，而金属价格为 190.6，比上月回落 14.5。

（三）原油价格小幅震荡

IMF 的初级产品价格指数中包含原油、天然气和煤的燃料价格占比约为 2/3，而原油占比就超过一半，因此燃料价格指数和原油价格指数走势高度一致。原油价格指数也经历了金融危机前快速上涨，危机后迅速下跌，随后在 2009 年至 2011 年缓慢回升的过程，但回升后的高点仍明显低于危机前的最高点。当前原油价格指数自 2012 年 3 月 222.0 的高位下降后在 195 左右的水平小幅波动，2013 年 3 月为 193.3，比上月低 9.6。

（四）工业品价格回落

IMF 的初级产品价格指数中的工业投入品价格的占比约为 1/6。工业投入品的价格从 2012 年 9 月开始总体呈现上升走势，2013 年 3 月，该指数为 166.0，连续 3 个月小幅上涨后回落，比上月低 8.9。

二、影响大宗商品价格的因素

（一）大宗商品价格和世界经济增长关系紧密

在供给没有明显变化的前提下，价格主要由需求决定。大宗商品需求和世界经济的热度正相关，因此宏观经济的表现和对宏观经济预期的变动是决定大宗商品短期价格的首要因素。通过大宗商品价格同比变化和世界经济增速的比较可以看出，大宗商品价格的短期波动与世界经济增长的波动密切相关。IMF 的一项研究也得出同样的结论。它们使

图 2　大宗商品价格和世界经济增速对比

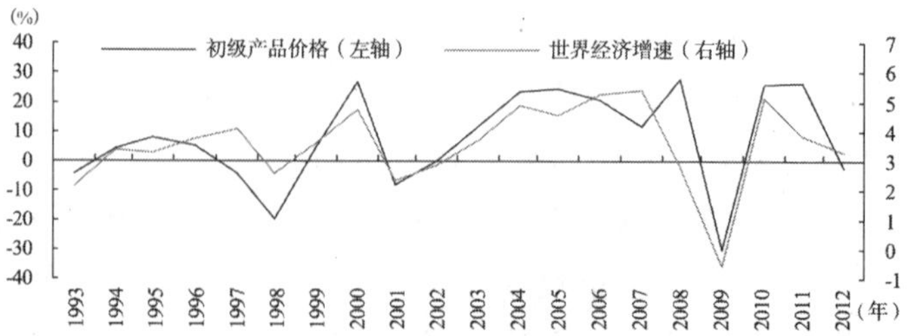

数据来源：IMF。

用主成分分析法，从各大宗商品价格中提取出第一个主成分代表影响所有大宗商品价格的因素，同时选用工业生产指数（IP）、采购经理指数（PMI）和股票回报率（MSCI）代表世界经济活动、经济热度和资产市场表现，并从这些变量中提取第一个主成分代表宏观经济因素。两个主成分的走势高度一致，表明影响所有大宗商品价格的因素主要反映了宏观经济的变动。

虽然当前世界主要中央银行都实行宽松的货币政策，可能推高国际大宗商品价格，但也不能高估货币因素对国际大宗商品价格的影响。以国际油价为例，从美国三轮量化宽松政策的结果来看，油价对量化宽松政策的反应都存在较长时间的时滞。2008 年国际金融危机以来，油价再未出现 2007 年时的快速上涨，且危机后油价的最高点也未达到危机前的水平。比较美国、日本和欧元区 M2 增速和大宗商品价格，也没有发现货币增长与大宗商品价格之间的稳定关系。总之，虽然货币因素是影响国际大宗商品价格的重要因素，但更重要的决定因素是供需等基本面因素。

（二）食品的生产增长较快，但需求增长快于生产

根据联合国粮农组织的数据，受国际农产品价格走高影响，全球农业生产近几年发展较快，2001~2010 年农产品产量年均增长 2.6%，比 1981~1990 年的平均增速高 0.3 个百分点，比 1991~2000 年的平均增速高 0.1 个百分点。人均农产品产量增速也有很大提高，2001~2010 年农产品产量年均增长 1.4%，比 1981~1990 年的平均增速高 0.8 个百分点，比 1991~2000 年的平均增速高 0.4 个百分点。

从需求看，虽然食品价格上涨较快，但受人均收入增长影响，人均食品消费量增长迅猛。2010~2012 年，东欧和中欧人均食品消费增长 24%，亚洲增长近 20%，撒哈拉以南非洲增长 11%。而西欧和北美消费水平本来就很高，因此增长极为缓慢。

生物燃料行业在过去的 10~15 年里迅猛发展，对农产品产生大量需求。从 2000 年到 2012 年，乙醇的产量在美国增长 780%，在巴西增长 140%。截至 2012 年，生产乙醇已经消耗了巴西超过 50%的甘蔗和美国 37%的粗粮。生物柴油的生产消耗了欧盟超过 80%的植物油。在澳大利亚和加拿大等其他国家，虽然生物燃料行业的发展不如美国、巴西和欧盟国家，但增长也较快。生物燃料行业的发展主要由政府命令、补贴和贸易支持等政策推动，但石油价格较高明显刺激了对生物燃料的需求。该行业已经在过去十年成为对农产品新增需求的最大来源，并成为影响国际农产品价格的一个新的主要因素。

（三）化石能源仍然是最主要的能源

根据 BP 世界能源统计年鉴，2011 年，石油仍是全球主导性燃料，占全球能源消费的 33.1%，但石油所占份额已连续 12 年出现下滑，2011 年的份额是 BP 自 1965 年公布统计数据以来的最低值。石油输出国组织（OPEC）仍然在石油生产中占据重要低位，2011 年 OPEC 的石油产量占全球石油产量的 42.4%，全球石油增长主要依赖 OPEC 国家的产量增长，其中沙特阿拉伯、阿联酋、科威特和伊拉克的产量大幅增加，完全弥补了利比亚停产的缺口，且沙特阿拉伯、阿联酋和卡塔尔的石油产量均创下历史新高。非石油输出国组织的石油产量大致保持稳定，美国、加拿大、俄罗斯和哥伦比亚的产量增长弥补了英国和挪威等老产油区域产量的减少以及其他某些国家的停产。美国的石油产量的涨幅连续三年在非石油输出国组织产油国中排名第一，随着陆上页岩油产量持续强劲增长，美国的石油产量达到了 1998 年以来的最高水平。美国在世界石油贸易中的地位越来越重要。

2011 年，天然气占全球能源消费的 23.7%，全球天然气产量增长 3.1%。美国继续成为全球最大的天然气生产国，卡塔尔、俄罗斯和土库曼斯坦的天然气产量都迅速增加，超过了利比亚和英国的减产量。由于老气田产量减少、设施维修以及区域消费需求低迷，欧盟的天然气生产出现了有史以来的最大降幅。煤炭也是重要的能源品种，占全球能源消费的 30.3%，这是自 1969 年以来的最高份额。2011 年，世界煤炭探明储量足以支持 112 年的全球生产，是目前为止化石燃料储产比最高的燃料。中国是煤炭的主要生产国和消费国，2011 年，中国煤炭产量占全球产量的 49.5%，贡献了 69%的全球煤炭产量增量，消费量占全球消费量的 49.4%，贡献了 84.9%的全球煤炭消费增量。

由于许多国家在 2011 年福岛核电站事故之后重新评估核政策，核电增长的速度放缓，预计未来在能源总量中占比将保持稳定，甚至可能下降。另外，水电的稳步增长、风电和太阳能发电的迅速扩张使得再生能源成为全球能源结构中不可分割的部分，这些都会影响全球能源供应的格局。

从需求看，随着经济增长，特别是重工业的快速发展，新兴经济体的能源需求在一段时间内会出现爆发式的增长。随后，该国从发展中国家过渡到发达国家，能源需求主要由消费拉动。世界能源需求分成两类：发达国家工业化基本完成，对能源的需求量将基本稳定，不会有大幅度的变化，能源需求与国内经济形势及居民对未来经济前景的预期一致。而发展中国家是能源需求的主要增长点，为满足国内工业特别是重工业的快速发展，发展中国家对能源的需求可能快速增长，是世界能源需求的主要拉动力量。以石油为例，2011 年，经合组织国家的石油消费量减少 1.2%（60 万桶/日），是过去六年中的第五次下滑，下探到 1995 年以来的最低水平。非经合组织国家的石油消费量增长 2.8%，即 120 万桶/日。其中，中国再次成为全球石油消费增量的最大来源（增长 5.5%，即 50.5 万桶/日）。

另外，储备能源的需求也不容忽视。以石油储备为例，美国强大的石油储备能力不仅能防止断供，还能平抑油价，日本和欧洲也有完备的石油储备机制，受外围石油安全问题的冲击较小。而中国、印度等新兴发展中国家，石油储备相对较少，对石油安全的防御相对脆弱，它们建立石油储备体系的努力也会增加对石油的需求。

三、未来大宗商品价格走势

（一）世界经济缓慢复苏，对大宗商品价格拉动作用有限

IMF 在 2013 年 4 月的《世界经济展望》中，预计 2013 年全球经济增长 3.3%，较上次预测值（2013 年 1 月）低 0.2 个百分点，其中发达经济体和新兴市场分别增长 1.2%和 5.3%，分别比上次预测值下调 0.1 个和 0.2 个百分点。主要发达国家中，美国复苏缓慢，欧盟仍在衰退，日本刺激政策初见成效。总体而言，2013 年世界经济将缓慢复苏，对大宗商品的拉动作用有限。

（二）食品生产增长有限，价格将保持高位

从自然资源的利用情况看，世界食品供给增长空间不大。全球几乎所有适于耕作的土地都已经用于农业生产了。新增的可耕种的土地主要在拉丁美洲和撒哈拉以南非洲，远离人口聚集区，农业基础设施薄弱，需要加大农业基础设施投资才能有效使用。同时，农业用地又受到工业化、城镇化的挤压，增长受到限制。另外，在多年耕种之后，现有的农业用地退化也比较严重。根据联合国粮农组织的统计，全世界大约 25%的农业用地高度退化了，气候变化会加剧这个问题。

水资源的限制也是农业发展的障碍。从全球来看，水资源是充足的，但分布很不均衡，许多国家进入严重的缺水状态，影响了农产品产量的增长。另外，当前全球农业用水占全部用水量的 70%，但和土地资源类似，城镇化、工业化都需要大量的水，经合组织预测到 2050 年，全球农业用水将仅占全球用水量的 40%。

由于投入品价格持续上涨，同时资源限制使得农产品产量增长受到制约，预计随后 10 年全球农产品产量的年平均增速将由 2.6%降至 1.7%，农产品价格将处于高位。

近两年全球的粮食生产比较稳定，供给较为充足。联合国粮农组织 4 月 11 日发布报告，对 2012 年世界谷物产量预测调整为 23.09 亿吨，比上年下降 2%，其中粗粮和大米的预计产量上调，而小麦产量略微下调。联合国粮农组织同时预测，由于价格走高促进种植面积增加，且单产在 2012 年低于平均水平后出现回升，若主产区无不利天气情况，则谷物生产将在 2013 年出现强劲反弹。从需求看，粮食消费量略微增加。联合国粮农组织预测 2012~2013 年度世界谷物消费量为 23.35 亿吨，仅比 2011~2012 年度增加 700 万吨，主要是食用消费量增长 1.4%和饲用消费量增长 1%。

2013 年，农产品的供给和需求基本处于平衡状态，预计全年农产品价格将保持高位，但不会快速上涨。

（三）原油价格将保持平稳

2013年，国际原油市场将整体呈现供应充足、需求平稳的态势。

从供给方面看，OPEC产量仍然维持在高位，伊拉克战后产量逐步增加，对石油供应贡献很大。美国能源部预计2013年欧佩克组织剩余产能将重新上升至10年均值上方。非OPEC国家中，虽然英国和挪威这两个传统产油国产量大幅下滑，但美国由于页岩油生产技术改革，原油产量正以历史最快速度上升。国际能源署预计，随着页岩油革命改写全球能源版图，2015年之后美国将超越沙特阿拉伯和俄罗斯，成为全球最大产油国。总的来看，2013年原油供应充足。

原油需求与各经济体的经济发展状况密切相关。美国是全球第一大油品消费国，2008年之后美国的原油消费出现了结构性下滑，无论是消费旺季的高点还是消费淡季的低点，均低于危机之前。2013年美国经济弱复苏，美国的油品消费将总体平稳，不会快速上涨。中国原油消费集中在工业和交通，前者占比大于后者。当前中国经济的回升较为缓慢，对原油的需求有所回升，但不会快速增长。欧洲仍将笼罩在欧债危机的阴影下，原油需求延续维持低迷态势。日本地震后关闭了大部分核电站，燃油发电需求大幅提升，日本需求的增加抵消了欧洲需求的下滑。总之，2013年全球原油需求将维持小幅攀升态势。

在供应充足而需求平稳的大背景下，石油价格将总体保持平稳，呈现符合季节性规律的波动。

综上所述，2013年，国际大宗商品的价格总体将保持平稳，快速上涨的风险较小。

执笔：叶　欢

发达经济体货币政策展望

中国人民银行调查统计司经济分析处

2013年一季度，全球经济前景有所改善，但发达经济体经济复苏之路仍然坎坷不平，分化明显。预计美国经济有望温和回升，欧元区仍未走出衰退，英国经济在较高通胀水平下缓慢增长，日本经济可能略有回升。发达经济体经济增长仍然面临较多不确定性，美国的主要风险来源于财政整顿和量化宽松，欧洲经济面临的主要风险有财政整顿、主权债务危机和国家间分歧，日本激进的财政政策与货币政策也蕴涵较大风险。主要发达经济体债务负担普遍较重，财政政策难有作为，越来越倚重宽松的货币政策促进经济增长，但具体方式将有所不同：美国货币政策突出指引性与灵活性，日本以“不达目的誓不罢休”的姿态将宽松进行到底，欧元区货币政策可能进一步放宽，英国在高通胀与低增长的纠结中迎接新行长。

一、发达经济体经济前景各异

2013年一季度，全球经济前景有所改善，但发达经济体经济复苏之路仍然坎坷不平，分化明显。预计美国经济有望温和回升，欧元区仍未走出衰退，英国经济在较高通胀水平下缓慢增长，日本经济可能略有回升。

美国经济有望温和回升。2013年一季度美国GDP环比折年增速为2.5%，比上季度高1.9个百分点。其中，占美国经济总量70%的个人消费开支增长3.2%，比上季度高1.4个百分点，成为经济复苏的主要动力。工业生产总值同比增速逐月提高，3月达到3.91%。住宅建设和汽车相关行业增长强劲，3月已开工新建私人住宅达到8.63万套，创2009年以来新高。不过，“自动削减开支计划”已于3月1日启动，其负面影响将逐渐体现。3~4月制造业和非制造业PMI连续两个月出现较大幅度回落，说明美国经济的复苏之路仍然坎坷不平。目前，美联储仍然旗帜鲜明的推行量化宽松政策，通过“前瞻指引”营造低利率预期，促进住房和耐用品需求回升。预计在财政整顿和量化宽松的双重影响下，美国经济将继续温和回升。2013年4月，国际货币基金组织（IMF）预计2013年美国GDP将增长1.9%，比1月预期低0.2个百分点。

欧元区仍未走出衰退。2012年各季度，欧元区GDP同比增速分别为-0.1%、-0.5%、-0.7%、-0.9%。其中，四季度德国、法国等核心国家也出现负增长，环比折年率分别为-2.3%和-1.1%。2013年一季度，欧元区GDP同比增长-0.7%，跌幅比上季度收窄0.2个百分点。其中，投资和私人消费跌幅收窄明显。受财政整顿影响，政府消费依然保持下降趋势。就业情况未见好转，2013年3月失业率为12.1%，比上年末高0.3个百分点。通胀率不断走低，4月CPI同比增长1.2%，涨幅比3月回落0.5个百分点，连续7个月回落。从先行指标看，4月欧元区制造业和服务业PMI分别为46.7和46.6，比1月低1.2个和2.0个百分点；其中德国制造业和服务业PMI分别为48.1和49.2，比1月低1.7个和5.2个百分点，远低于市场预期。2013年4月，IMF预计2013年欧元区GDP将增长-0.3%，比1月预期低0.2个百分点。

英国经济可能面临滞胀风险。2013年一季度，英国GDP环比增长0.3%，比市场预期高0.2个百分点，好于欧元区。不过，英国经济情况仍然不容乐观。2013年1~2月工业生产指数分别同比增长-3.1%和-2.2%。英国通胀率居七国集团榜首，3月继续维持在2.8%，比1月高0.1个百分点，未来可能升至3%左右。就业情况持续恶化，2月失业率为7.9%，比1月高0.1个百分点，失业人数上升7万至256万人，名义平均收入同比增速为0.8%，远低于通胀率。IMF预计2013年英国GDP将增长0.7%。

日本经济可能略有回升。安倍内阁上台后采取了激进的扩张性财政政策与货币政策，并乐观的预测2013财年（始于2013年4月）日本GDP将增长2.5%。从一季度情况看，日本经济喜忧参半，2013财年恐难实现2.5%的增长目标。受益于日元贬值，一季度日本出口同比增长1.2%，增速比2012年全年高3.9个百分点。不过，日元贬值也提高了进口成本，一季度进口同比增速达到8.0%，贸易逆差达到2.78万亿日元，同比激增79.5%。企业设备投资在2012年比较疲弱，随着出口形势好转，一季度有望正增长。失业率有所反弹，3月失业率为4.3%，比2012年12月高0.3个百分点。通货紧缩未见缓解，3月CPI同比下降0.9%，降幅连续3个月扩大。先行指标出现回暖迹象。3月日本制造业PMI指数在10个月以来首次回升到枯荣线上达到50.4，4月进一步升至51.1，比2012年末提高6.1。2013年4月，IMF将日本2013年GDP增速预测值调高至1.6%。

二、经济增长仍然面临较多不确定性

美国的主要风险来源于财政整顿和量化宽松。财政整顿的风险主要体现在两方面，一是整顿力度过大不利于经济复苏，如何把握好财政整顿和刺激经济的平衡点是一大难题；二是美国两党经常就财政政策争执不下，政策的不确定性不利于提振市场信心。5月19日，美国将再次面临联邦债务上限约束。关于量化宽松的争议主要集中在两个方面，一是量化宽松能否将流动性传导至实体经济；二是如何评估量化宽松的成本和风险。从实施的结果看，美国长短期国债收益率均保持低位，房地产市场改善明显，通胀率甚至走低，说明量化宽松政策对宏观经济的正面影响超过其潜在成本和风险。

欧洲经济面临的主要风险有财政整顿、主权债务危机和国家间分歧。首先，财政整顿将继续拖累欧洲经济。2012年欧元区赤字与GDP之比为3.5%，比2011年低0.7个百分点；2013年，欧元区计划将该数字进一步降至2.8%。持续的财政紧缩造成了政府削减开支、企业裁员、消费者减少支出、青年劳动力就业困难的恶性循环。目前，德国、英国主张削减开支，法国、南欧国家则相反，IMF、欧盟委员会等国际机构也认为应当放慢财政紧缩步伐以促进经济增长。持续的财政整顿还引起欧元区边缘国家民众强烈反对，可能引发政治风险。其次，欧债危机一波三折，塞浦路斯债务危机虽然缓解，但西班牙和斯洛文尼亚经济存在过度失衡，可能引发新的危机。2012年西班牙GDP下降1.4%，财政赤字与GDP之比达10.6%，居欧洲首位。斯洛文尼亚由于企业负债率过高，且23.7%的企业债务为不良贷款，金融业存在重大风险。最后，欧元区各国的经济增长率、通胀率、失业率、财政状况各不相同，欧洲中央银行的货币政策难以同时适应核心国家和边缘国家的需求，货币政策效率大打折扣。

日本激进的财政政策与货币政策也蕴涵风险。大规模量化宽松、2%的正通胀目标、财政刺激和结构改革等措施有利于日本经济复苏，也蕴涵了很大隐患，是一种“押注”式的冒险。一是日本政府债务水平很高，2012年末政府债务余额是GDP的2.1倍。在没有中期财政整顿计划的情况下实施财政刺激的风险很高，一旦利率上升，债务将不可持续。二是受老龄化影响，日本劳动力供给面临瓶颈。在这种情况下，货币政策即便能消除通缩，也未必刺激经济增长，居民实际收入还会因此而缩水。三是日本能源、食品的对外依存度较高，日元贬值增加了进口成本，将加重企业和居民负担。

三、主要发达经济体中央银行将继续行进在宽松的道路上

主要发达经济体债务负担普遍较重，财政政策难有作为，越来越倚重宽松的货币政策促进经济增长。目前，美、欧、英、日四大中央银行基准利率均处于历史低位，美联储和日本银行的资产仍在持续扩张。预计主要发达经济体中央银行将继续行进在宽松的道路上，但具体方式有所不同。

（一）美国——指引性与灵活性并重

美联储的货币政策具有两个特点：一是突出指引性。美联储明确提出，在

失业率超过 6.5%，未来 1~2 年通胀率不超过 2.5%且长期通胀预期稳定的情况下，将继续保持超低利率水平；即使在经济复苏巩固后相当长一段时间，货币政策也会高度宽松，不会提前正常化。美联储希望通过对未来货币政策走向提出明确指引，增强市场信心，引导家庭和企业的投资消费预期。二是具备较强灵活性。美联储及时监测当前经济形势并分析未来趋势，根据情况变化对货币政策进行灵活调整。在 3 月 19 日联邦公开市场操作委员会的货币政策例会上，有不少参会者表示，如果劳动力市场前景能够显著改善，并且这种改善具有可持续性，应该减少资产购买规模。

从目前情况看，美国就业情况虽然有所改善，但没有明显好转。3 月美国失业率降至 7.6%，主要原因是劳动参与率下降，而非新增就业人口增加。通胀率走低，3 月 CPI 涨幅降至 1.5%，距 2.5%的上限尚有较大差距。3 月通胀率数据发布后，里士满联储行长莱克、明尼阿波利斯联储行长柯薛拉柯塔、圣路易斯联储行长布拉德 3 位地区联储行长甚至表示，如果通胀率继续走低，有必要出台更多宽松措施。财政整顿仍在继续，国防相关行业已经显现疲弱。随着时间的推移，“自动削减开支计划”的负面影响将逐渐明显。在此背景下，如果美联储退出宽松的货币政策，住房和耐用品需求将受到较大抑制，经济增长的引擎可能全面熄火。因此，预计美联储至少在 2013 年末前不会减少资产购买的规模，2014 年末前将继续保持 0.25%的超低利率水平。

（二）日本——孤注一掷的宽松

日本在失业率反弹、通缩加剧且政府债务庞大的背景下，继续维持高度宽松的货币政策成为必然的选择。从首相安倍晋三和日本银行行长黑田东彦的一系列表态看，日本正在不遗余力地通过极度宽松的货币政策实现通胀目标和经济复苏，不达目的誓不罢休。如果经济恢复持续低于预期，不排除宽松政策进一步加码。从外部反映看，虽然德国、韩国等部分国家对日元贬值提出批评，但 IMF、经合组织（OECD）、二十国集团等国际组织近期对日本宽松的财政政策和货币政策表示认同，对日元贬值也给予理解，在很大程度上减轻了日本继续实施宽松货币政策的外部压力。

（三）欧元区——货币政策存在继续宽松的空间

在经济持续低迷和通胀率不断下行的背景下，5 月 2 日欧洲中央银行宣布下调基准利率（主要再融资操作利率）25 个基点至 0.5%，同时将隔夜贷款利率降低 50 个基点至 1%，维持隔夜存款利率 0 不变。欧洲中央银行行长德拉吉在 4 月和 5 月货币政策会议后均表示，未来几周内将密切关注欧元区经济、货币形势和物价前景，若经济形势恶化，将采取进一步行动。德拉吉还表示，对于将隔夜存款利率降至负利率，已经在技术上做好准备。虽然德国一直对宽松货币政策持保留意见，但目前欧元区通胀率持续走低，南欧国家失业率不断走高，德法等欧元区核心国家经济增长乏力，如果这种情况长期不能改善，不排除欧洲中央银行宽松货币政策继续加码的可能性。目前欧元区的基准利率高于美国、日本，与英国持平，预计近期再次下调的可能性不大。欧洲中央银行曾于2009年6月推出4420亿欧元的一年期长期再融资操作（LTRO，即欧洲版量化宽松），2011年12月和2012年2月又推出累计达1万亿欧元的三年期LTRO。从实施效果看，LTRO为银行注入了流动性，但银行投标LTRO后未大规模购买欧洲边缘国家国债，在降低边缘国家国债收益率上未发挥太大作用。如果银行业流动性出现问题，欧洲中央银行可能继续执行LTRO。如果欧元区再度爆发债务危机，可能动用证券市场计划（SMP）和欧洲稳定机制（ESM），但需要出问题国家主动求援。

汇率方面，2012年下半年以来，欧元相对于美元、日元、英镑总体呈升值趋势，虽然2013年2~3月受意大利大选和塞浦路斯债务危机影响，欧元汇率有所回落，但4月又重新进入升值通道。预计5月2日降息以及德拉吉关于负利率的表态将延缓欧元升值步伐。

（四）英国——在高通胀与低增长的纠结中迎接新行长

与欧、美、日不同，英国通胀率较高，限制了英格兰银行采取更加宽松的货币政策。同时，英国财政整顿的力度较大，经济增长低迷，财政大臣奥斯本呼吁英格兰银行加大资产购买规模。不过，英格兰银行比较保守。一是担心购买私人部门债券可能造成资源配置扭曲甚至利益输送，影响其声誉，因此购债结构比较单一，集中在英国国债。二是一直未实施无期限的购债计划。默文·金行长认为应该扩大量化宽松的规模，但这个意见在近几次货币政策例会上，均以3人赞成、6人反对的结果遭到否决。三是不愿意对未来货币政策作出承诺，认为这将束缚货币政策委员会的手脚。英格兰银行对“贷款换融资”计划（FLS）寄予很大期望。从实施效果看，该计划降低了金融机构融资成本，但中小企业的融资情况没有明显改善。为此，2013年4月，英格兰银行和英国财政部决定将FLS的有效期延长一年至2015年1月，扩大FLS的参与范围，并对参与FLS向中小企业放贷的金融机构提供更有吸引力优惠政策。预计新FLS计划在改善中小企业融资方面的效果会优于原FLS计划。

另外，2013年6月，现任加拿大中央银行行长卡尼将担任英格兰银行行长。卡尼上任前，英格兰银行的货币政策做大幅调整的可能性不大。

执笔：秦　栋

长期的廉租房制度和完备的税收体系
——法国住房政策的经验及其启示

中国人民银行营业管理部调查统计处

受到思想家迪尔凯姆（Emile Durkheim）等人“社会有机体”思想中“社会高于个人”理念的影响，法国住房政策的宗旨是如何使用住房政策促进社会团结。因此，法国各届政府都将廉租房建设和完备的房地产税收体系作为长期和持续性政策，在抑制房价和维护社会稳定团结方面发挥了重要作用。

一、“社会稳定剂”——长期的廉租房制度

法国政府规定，各大城市必须建设一定数量的廉租房，其比例约为总住房面积的15%~20%。未完成建设要求的城市将被中央政府处以高额罚款，罚款所得将用于支持“低收入者也能住上好房子”。目前，法国近一万个市镇中绝大部分建有廉租房，在一些移民聚居的市镇，廉租房通常占总住房数的30%以上。

廉租房建设资金由中央政府、大区政府、省政府、市镇政府和一些大企业或事业单位共同筹集，其中“政府资金”通常达70%。房屋建成后分别交由各省政府、市镇政府以及企事业单位“社会住房办公室”管理，其“配额”由中央政府统一确定。法国廉租房通常只租不卖。所谓“廉租”，是指房租较市场价格低一半左右。由于法国政府对住房困难户和低收入家庭提供“个人住房补助”，一些多子女家庭往往可以极低的价格（甚至为市场价格的1/5）租到满意的住房。

廉租房制度对法国社会的贡献巨大。首先，该制度堪称“法国社会稳定剂”，多数低收入者对社会的不满程度由此降低。其次，廉租房制度还是法国抑制房价上涨的重要杠杆。低收入居民在更换住房时首先考虑申请廉租房，房屋销售市场中买方需求量不高而处于稳定状态。以2004年为例，当年法国售出新房11万套，而当年在建的廉租房却高达40万套。

二、完备的房地产税收政策

法国住宅类税收政策体系完善、条目精确所带来的优越性，对于法国广大城市居民生活的安定有极大的帮助，对于社会资源的有效利用与合理分配也起到了非常积极的作用。

（一）体现集合概念的保有环节税制设计

在法国，拥有自有住房的居民必须向政府交纳多种与房屋有关的税。此类税收主要由两部分组成：一是针对处于使用状态房屋的居住税，二是针对未使用房屋的住宅空置税，三是为了防范纳税人为偷逃居住税将住宅出租或改做办公室，政府规定如果房屋不属于居住税的征收范围，将适用于职业税（2011 年代之以企业地产分摊金①）。

1. 居住税。居住税是由地方政府按照国家规定的计算流程，通过对住宅所占用土地租金价值的测算，再乘以国家规定税率并附加各类减免政策后所得出的年度性、地方性税种。地方政府征税后，国家会向地方政府再次征税（实质意义为税收提成）。具体做法是，国家对地方政府征稽土地收益 8%的税收，并将其中的 4.4%返还当地用做公共住房的建设。考虑到居住税的征缴对象为每一位拥有住房的居民，其中包括大量普通居民及低收入者，因此法国制定了细致入微的税收减免方案，主要原则为领取补助的弱势群体、收入较低或家庭负担较重的人减税，收入较高者的全额征税，体现出对不同生活状况公民有差别的福利待遇。

2. 住宅空置税。如果在征税年 1 月 1 日之前有过连续两年的空置期（在此期间 30 天以内的临时占用并不影响该房屋的空置状态），到 1 月 1 日之时仍未使用，则缴纳住宅空置税；反之，则缴纳居住税。住宅空置税的纳税人即是造成空置期的人。这类人可能是拥有第二居所而未去居住的业主：或已签订了租约而未居住的租户，甚至还可能是导致房屋空置的装修公司等。税率根据空置时间和房屋价值累进，通常第一年 10%，第二年 12.5%，自第三年起 15%，并同时附加税金总额 9%的手续费。由于住宅空置税是针对富人的税种，因此对于纳税人没有减免措施。税率为累进税率，也体现了富人多缴税的原则。

3. 企业地产分摊金。如果房屋的使用用途是租给私人公司、组织等，此项由承租方负担。税率按各地房屋出租价格再结合各行业参数等因素进行计算。这种体现集合概念的税制设计保证了每处住宅的应税都处于监管之中，不论哪年都会有人或组织缴纳居住税、空置税或职业税。

（二）充分考虑社会公平的交易环节税收征管

法国的房地产税收规定非常详细，充分考虑到了不动产征税过程中的各种具体情形加以区别对待。例如，法国对

① 法国 2011 年取消了职业税，代之以企业地产分摊金和企业增值分摊金，二者合称为地方经济税，征收的税基仍然是租赁的房地产价值。

于房地产转让征税充分考虑到了房地产的有偿转让以及房地产的无偿转让所面临的各种情形，而且对预防房地产的不正当转让也有很多有力的措施。

1. 关于住房的有偿转让。在法国，住房的有偿转让要经过公证部门，由购房者缴纳房价 2.5%左右的手续费和 7.5%左右的房产转让税；卖方则要缴纳房产的增值税，但如果卖主符合一定的条件，也可享受减免税的优惠。如所卖房子是卖主的自住住宅（每年居住不少于 8 个月）或卖房的原因是由于工作调动等，卖房的增值所得部分可不列入或是部分列入征税范围。政府鼓励房主长期拥有住房，而不是频繁地买卖。房主拥有住房的时间越长，交易所获得的减税越多，具体为从购房的第 3 年起，每年从增值中减去 3.3%后征税。

2. 关于住房的无偿转让。在法国，通过继承或赠与的形式实现房产的转移。无论是继承人还是被赠与人，都要缴纳房产转让税。税金的多少取决于两个要素：一是住房本身的价格，二是转让双方亲缘关系的程度，在某些情况下，还要考虑当事一方的年龄。一般情形为房产的价值越高，征收的税率越高；亲缘关系越远，税率也越高。此外，如果赠与人的年龄在 65 岁以下，可享受 25%的免税，65 岁以上可享受 15%的免税。

3. 通过“优先购买权”预防房地产不正当转让。法国有各种相应的法律，规范房产转让程序，制裁转让过程中的不正当行为。“优先购买权”就是其中的一种。负责住房产权转让的政府行政部门需要检查房子的售价是否和市场一致，如果明显低于市场价格，则政府部门就可优先购买此住房。为了防止行政部门滥用“优先购买权”，卖主可从行政部门得到所报房价 10%的“优先购买补贴”。

三、对我国的启示

（一）房地产税收制度的设计应兼顾严密性和人性化

法国房地产税制构建了一个严密的住宅税收体系。住宅自住要交居住税，空置要交空置税，用于出租要由承租方交地产分摊金，这就让想逃税的人无计可施。因此，在当前房产税呼之欲出的形势下，可以借鉴法国经验，充分考虑多种因素，切实保障一般收入群体的利益，同时尽可能打击炒房行为，稳定房价。

（二）对空置房加以征税

法国很少有人囤积房屋以谋暴利，其根本原因就是空置税的时间累进设计使得保有住房，尤其是投资住房的成本很高。建议参照法国经验，对所有拥有超过一定面积的房产，尤其是空置住宅征收房产税。

执笔：贺　杰

国外影子银行监管经验

中国人民银行福州中心支行调查统计处
中国人民银行泉州市中心支行调查统计科

一、影子银行的概念及特征

影子银行体系（Shadow Banking System）的概念最早是由美国太平洋投资管理公司的执行董事保罗·麦考利在2007年的美联储年度会议上提出，将影子银行体系概括为“有银行之实但却无银行之名的种类繁杂的各类银行以外的机构”；美联储主席伯南克将影子银行定义为“除接受监管的存款机构以外，充当储蓄转投资中介的金融机构”；英格兰银行金融稳定部副总裁保罗·塔克将影子银行概括为“向企业居民和其他金融机构提供流动性期限配合和提高杠杆率等服务，从而在不同程度上替代商业银行核心功能的那些工具、结构企业或市场”。目前，一般认为影子银行具有如下特征：第一，除了不吸收公众存款，影子银行发挥了商业银行的替代效应，却不受监管或者受到的监管程度比较低。第二，影子银行的杠杆率较高，风险集中度较大，凸显了金融系统的脆弱性。第三，保护机制缺失。由于游离于监管之外，针对其现金流断裂的保护机制几乎不存在。

二、国外主要发达国家影子银行监管

2007年的次贷危机使得各国监管当局普遍认识到，加强影子银行的监管已是刻不容缓。自2008年以来，主要发达国家通过一系列政策指引和法规法案的颁布，组建新的机构，逐步完善国家金融监管体系，加强对影子银行的监管。

（一）美国

从2007年次贷危机爆发起，美国政府开始进行金融监管改革。2010年7月21日，《多德—弗兰克华尔街改革和消费者保护法案》获得美国国会通过，其多项内容与影子银行相关：一是影子银行去“影”化，关注其系统性风险。规定1亿美元资本以上的私募股权基金、对冲基金及其他投资顾问公司须在美国证券交易委员会注册，1亿美元资本以下的须在州注册并接受监管。要求影子银行披露更多关于其资产运用和杠杆率方面的信息，强化美联储对影子银行的系统性风险监管职责。成立金融稳定监管委员会，负责关注识别、监控大型复杂金融公司的系统性风险，以及相关的金融产品和业务。二是加强对金融衍生品的监管。要求所有能标准化的衍生品必须在票据交易中心交易和清算。规定由证券交易委员会和商品期货交易委员会共同监管场外衍生品交易，并有权提出保证金要求。三是建立防火墙，防止风险从影子银行体系传递到商业银行体系。改革“沃尔克规则”，规定银行投资对冲基金或私募股权基金的规模不得超过银行一级资本的3%。四是防范道德风险。如对具有系统重要性的金融机构（包括影子银行）实行更严格的资本和杠杆要求，定期提交“葬礼计划”等。

（二）英国

自2009年以来，英国通过一系列法律法案加强了对影子银行及相关产品的监管。2009年2月的《2009年银行法》建立干预和处置问题银行的特别处理机制，旨在加强影子银行监管，维护金融市场稳定。2009年3月的《特纳报告》明确提出要加强对对冲基金等影子银行的监管，建议集中清算信用违约掉期市场的大部分交易。2009年7月的《改革金融市场》白皮书，主要内容是创立金融稳定理事会，强调通过英国金融服务局的监管执法来降低系统性风险的危害。2009年12月的《衍生品场外交易市场改革方案》，要求衍生品标准化，探索引入中央对手方清算机制，强化了场外衍生品的交易对手风险管理。2010年8月的《交易行为的审慎制度（讨论稿）》，提出要加强监管机构之间的协调配合，减少银行体系和其他金融体系之间结构性套利的机会。此外，2011年9月，英国银行业独立委员会提出了“围栏改革”的建议，要求大型金融机构将零售银行业务与公司银行、投资银行业务分离。

（三）欧盟

2009年4月，欧盟委员会发布了《另类投资基金经理指引（草案）》，其中规定，管理资金超过1亿欧元的对冲基金、私募股权投资基金在欧盟范围内开展业务，需得到母国的许可并且需向东道国披露其风险暴露、业绩表现等情况。在私募和对冲基金方面，欧盟要求所有欧盟境内的另类投资基金提供证明其资质能力的报告以及内部治理、估值方法、资产安全方面的材料，并须满足最低资本金标准。同月，欧洲议会发布了《信用评级机构监管》法规，加强了对欧洲信用评级机构的监管，对欧洲信用评级机构在注册、治理结构、评级方法、透明度等方面采取比国际证券业协会更为严格的监管原则。欧盟委员会还提议成立专门针对欧洲大型跨境影子银行金融机构的监管协会，并着手对《巴塞尔协议Ⅲ》中交易账户、跨境机构流动性监测及特殊投资渠道等内容进行改进。2009年10月20日，欧盟发布了《衍生品的未来政策行动》公告，包括建立统一的中央对手方法律框架、清算标准化合约的要求、交易信息库立法和提高透明度要求等。2010年7月2日，欧盟委员会又公布了信用评级机构监管法案修订稿，提出由新成立的欧洲证券及市场监管局负责对欧盟境内的信用评级机构进行统一监管。

（四）日本

2009年6月17日，日本国会通过了《金融商品交易法修正案》，其中增加了关于信用评级机构的相关法律法规，如采取注册制、每年向内阁总理大臣提交报告、对发行的债券实行“双评级”制度等。2009年12月28日，发布的《金融商品交易业内阁府令修正案》，对信用评级机构的监管框架作出了更为具体的规定，包括完善对信用评级机构的报告提供义务、现场检查、业务改善、停业、注销登记等监管事项的规定，限制使用未注册信用评级机构提供的评级等。2010年5月，日本国会通过的《金融商品交易法修正案》中，建立了对场外衍生品交易采取集中清算及交易信息的保存和报告制度。同时，日本金融厅要求加强金融机构证券化资产的信息披露，确保其基础资产的真实性，金融机构要审查相关资产的内容，加强风险管理，并成立了专门的工作组监控大型金融集团的跨行业风险。日本金融厅还着手更新保险监管指引，其中对非传统保险领域的监管进行了加强，如对信用违约掉期合约（CDS）和金融担保的风险管理等，并对保险公司的投资行为进行了一定程度的规范。

执笔：刘娜娜　何雪韵

对成都市农民工市民化的政府成本测算

中国人民银行成都分行调查统计处
中国人民银行成都分行营业管理部货币信贷统计处

一、引言

推进新型城镇化是当前国内经济发展的重大战略，新型城镇化的核心是农民工市民化。农民工市民化的成本是指实现农民工在城镇定居所需要的各项经济投入，其中，政府、企业和农民工个人都需要一定的投入，政府部门的投入主要是提供各项公共服务的支出，如提供城市公共基础设施和各种社会保障的费用。较为准确地测算农民工市民化的政府公共成本，对于积极稳妥地推进城镇化，合理确定中央和地方权责关系，防范相关风险，具有重要的现实意义。

关于农民工市民化的政府公共成本有多种估计和测算。建设部调研组(2006) 认为每新增一个城市人口需要增加市政公用设施配套费小城市为 2 万元，中等城市为 3 万元，大城市为 6 万元，特大城市为 10 万元；中国发展研究基金会（2010）认为中国当前农民工市民化的平均成本在 10 万元左右；国务院发展研究中心（2010）对东部、中部、西部四个样本城市测算后，认为市民化平均成本约为 8 万元。本文主要根据实际调查和统计数据，参照国务院发展研究中心课题组的测算方法，对成都市农民工市民化的政府成本进行测算。

二、主要假定

由于农民工之间存在较大的个体差异，不同农民工其市民化成本将会不同。为便于测算，本文主要讨论代表性农民工的市民化成本，并对代表性农民工作以下假定：一是农民工年龄。近年来，我们对省级劳务开发基地县金堂县农民工就业情况进行了持续监测，发现农民工年龄分布不断上移。2012 年，30 岁以上农民工占比为 63%，并主要集中在 31~40 岁。为此，假设代表性农民工年龄为35岁。二是退休年龄和预期寿命。假设代表性农民工60岁退休。根据成都市统计局公开资料，2010年，成都市人口平均寿命77岁，高于全国平均寿命（73岁），以77岁作为代表性农民工预期寿命。三是抚养人口比例。假设一对农民工夫妇生育一个子女，一名农民工未成年子女抚养人口比例为0.5。四是成本测算内容。市民化成本主要是政府赋予农民工与本地市民同等公共服务所需的支出，主要包括教育、医疗、养老、各种民政补助救助、保障房和城市基础设施及维护等方面。为简单起见，本文仅考虑新增一个代表性农民工，政府给予其市民化待遇所需的成本。

三、农民工市民化的成本测算

1. 城市建设及管理费用（13986元）。随着城市市民的增加，政府需要相应增加管理成本，包括配套的城市基础设施建设等费用。本文以政府公布的“城市维护费及建设资金支出”作为代表，包括城市基础设施建设及维护、城市公共设施及维护、公用事业建设及维护、公共住宅建设及维护、环境保护补助、城市水源建设等。2011年成都市城市维护费及建设资金支出253亿元，人均1809元。近年来，城市建设已考虑农民工需求，但市民化后还是会进一步增加成本。在一定服务人口范围内，新增一个市民所需增加费用会显著低于平均的建设费用，即边际成本低于平均成本。2008~2011年，城市建设费用增加13亿元，常住人口增加130万人，每增加1人，费用增加1000元，每年增加333元，由此可得新增一位农民工市民化的城市建设费用为13986元（333×42=13986）。

2. 随迁子女教育成本（9583元）。假设代表性农民工随迁子女九年义务教育全部在成都完成，义务教育费用全部由市政府财政负担。2012年成都市教育经费共支出125亿元，通过在校中小学生人数可计算出生均教育支出11574元。成都教舍、师资建设已部分考虑了农民工子女上学需求，且近年来在校中小学生人数呈逐年减少趋势，因此农民工市民化后不会同比例增加政府相关教育支出，边际成本将低于平均成本。按照以上城市建设及管理费用中的边际成本与平均成本的比例（333/1809×100%=18.4%）、抚养人口比例（0.5）、9年义务教育年限计算新增一位农民工市民化的政府教育支出为9583元（11574×18.4%×0.5×9=9583）。

3. 医疗保障成本（6500元）。参加职工医疗保险的农民工或本地职工，一般由单位和个人按照工资比例提取保险基金，政府不需增加成本，但成都市为提高医疗保障水平，市政府在职工缴费基础上给予了一定补助。2012年成都市居民基本医疗保险财政补助标准为每人260元。按缴费年限25年计算，政府需为农民工补助6500元。

4. 养老保险成本（52426元）。成都居民养老保险分为城镇职工基本养老保险和城乡居民社会养老保险，农民工一般参加城乡居民社会养老保险。城乡居民社会养老保险分五等，按成都市2011年标准，较高档次每年缴费1142元，政府每年补贴228元。缴至60岁后开始领取养老金，每年领取金额不等，如60岁每月领取296元，70岁每月领取442元。如果按照平均每月领取养老金369元计算，养老金支出（17年）减去个人缴存金额（25年），再加上政府缴存补贴（25年），政府净支出为52426元（369×12×17+228×25−1142×25=52426）。

5. 民政部门的其他社会保障（1318元）。一是低保支出。2011年成都市低保比例为1.5%，人均低保支出1518元。由此计算农民工市民化后每年政府低保支出为22.7元，25年共569.25元（1518×1.5%×25=569.25）。二是公共卫生补助。每年30元，25年共750元。

6. 保障性住房支出（15000元）。农民工的收入水平较低，政府有义务为其中的低收入者提供一定的保障性住房。假设以公租房（廉租房）形式加以解决，并覆盖30%的农民工，每人20平方米（成都现人均住房面积为36平方米），保障性住房的建设成本2500元/平方米（不考虑土地成本），保障性住房支出则为15000元（2500×20×30%=15000）。

综合以上六个方面，每新增一位农民工其市民化的平均成本为98813元。

四、结论

1. 农民工市民化进程中养老保险支出最大。新增一位农民工其市民化的政府总成本约为10万元，主要是养老保险、保障性住房、城市建设及子女教育支出较大，其中养老保险支出超过总成本的50%。

2. 农民工市民化成本支出在短期和长期都将存在。短期来看，主要是子女教育和保障性住房支出，占总成本的25%。远期来看，养老保险补贴是政府主要支出，超过50%。其他各项支出，如城市建设、社会福利保障等支出将从农民工成为市民开始，持续很长甚至农民工一生的时间。

3. 市内与市外农民工市民化成本有所差异。成都在多年以前就开始推进城乡统筹，本市农村居民已享受相当程度的公共服务，包括教育、农村基础设施、养老保障、医疗等多方面和城镇居民相差不大，因此本市农民工市民化所需新增的成本较少。

4. 历史遗留成本较大。成都市常住人口1400万人，2012年末城镇化率为67%。但有255万人虽常住成都但没有成都户籍（若按户籍人口计算，2010年末城镇化率只有57.9%。），不能与成都市民享受同等的公共福利，新型城镇化需解决这部分历史遗留问题。

福建省城镇化水平及新型城镇化建设实践

中国人民银行福州中心支行调查统计处

一、城镇化的度量方法

（一）常见的几种度量方法

目前，城镇化度量主要有以下三种方法：（1）人口指标法，运用城镇人口占总人口比重来刻画城镇化水平；（2）工业化和非农化指标法，采用“第二产业增加值/GDP”或“1-（第一产业增加值/GDP）”来计算；（3）复合指标法，由多个从不同侧面反映城镇化进程的不同指标构成，依据不同指标的权重，综合计算城镇化水平的复合值。

（二）本文采用的度量方法

由于城镇化是一个城乡经济和社会结构融合的过程，并非单纯的农村人口向城镇转移，应该包含城市现代产业对传统农业的改造、农村经济社会结构的转型和农业的现代化等。因此，尽管人口指标法因其简单而在现实中运用最为广泛，但单一的城镇人口占总人口的比例不能全面、科学地反映城镇化进程。此外，由于大量流动人口的存在，城镇人口的统计本身就存在困难和缺陷，人口城镇化指标不能真实反映城镇化进程中的人口地域变化，也不能正确反映城镇化水平。同样，工业化和非农化指标法也存在单一指标的片面性缺点。

因此，本文根据城镇化的实质内涵，参考美国和日本等国家刻画城镇化水平的一些基本指标、我国21世纪中叶基本实现现代化的标准及有关资料，结合我国当前实际，采用复合指标法进行度量，并进一步细分为基础水平指标、社会发展水平指标及潜在动力指标三大项。

根据各项具体指标和相关权重，利用以下公式即可计算得出不同地区的城镇化水平综合指数T：

$$T = \sum_{i=1}^{n} \frac{Q_i}{P_i} \times w_i \qquad (1)$$

其中，Q_i为城镇化水平某层次指标的实际值；P_i为基本实现城镇化水平的某层

表 1　城镇化指标体系及标准值

	构成指标	单位	标准值	权重
基础水平指标	农村劳均第一产业增加值	美元/人	6000	6%
	一产从业人员/全部从业人员	%	17.1	8%
	人口城镇化率	%	71	25%
	人均 GDP	美元/人	13200	6%
社会发展水平指标	平均每名医生服务人数	人	450	5%
	农村居民恩格尔系数	%	13.6	6%
	农村养老保险人数比	%	39.06	6%
	农村居民交通和通信支出比	%	20	6%
	铁路密度	里/平方公里	0.02	6%
	公路密度	里/平方公里	0.5	6%
潜在动力指标	第二产业和第三产业增加值/GDP	%	96.8	5%
	初中毕业生升学率	%	85	5%
	森林覆盖率	%	40	5%
	人口自然增长率	‰	0.001	5%

注：农村劳均第一产业增加值=第一产业增加值/第一产业劳动力人口，人口城镇化率=城镇人口/总人口，平均每名医生服务人数=总人口/执业医生数，农村养老保险人数比=农村参加养老保险人口/农村人口，铁路（公路）密度=铁路（公路）营运里程/国土面积，初中毕业生升学率=普通高中招生数/普通初中毕业生数。

次指标 i 的标准值；w_i 为相应的权重。

对于逆指标，如“第一产业人员占全部从业人员比重”、“平均每名医生服务人数”、“农村恩格尔系数”、“人口自然增长率”等，Q_i 则代表标准值，P_i 为实际值。

此外，根据国内外一些研究成果，当综合指数处于不同的范围值时，城镇化水平处在不同的阶段。

二、福建省各地市城镇化水平度量

根据前面设置的城镇化指标体系，利用式（1），可以得到 2008 年福建省各地市的城镇化水平综合指数。

表 2　城镇化水平阶段划分标准　　（单位：%）

	初期阶段	中前期阶段	中后期阶段	基本实现阶段	较高阶段
综合指数	<50	50~65	65~90	90~100	>100

表3 福建省各地市城镇化综合指数 （单位：%）

	福建省	福州	厦门	宁德	莆田
复合指标法	63.53	71.21	110.83	48.99	60.05
人口城镇化率	49.90	57.5	68.28	30.13	60.30
	泉州	漳州	龙岩	三明	南平
复合指标法	75.00	51.43	60.88	58.72	61.09
人口城镇化率	50.20	28.8	40.50	43.30	46.30

三、农民工市民化的社会成本及分担

（一）农民工市民化的内涵

农民工市民化是指伴随着工业化、城镇化、农业现代化的推动，使现有的农民工在身份、地位、价值观、社会权利及生产生活方式全面向城市市民的转化，从而实现公共产品（服务）享受、基本权利保障、社会经济适应与城市生活融入的过程。农民工市民化包括了以下几个方面的内容：一是基本的权利保障与公共产品享受；二是人口素质的提升；三是思想观念的融合；四是行为方式的转变；五是生活质量的提升；六是社会活动的参与。通俗来说，就是来到城市的农民工以及在乡镇企业的农民工逐步在城市定居，具有城镇户口，享受与城镇人口一样的待遇并逐步融入城市生活。

（二）农民工市民化的社会成本

农民工市民化需要政府等相关部门在制度改革的过程中投入相应的资金以解决农民工市民化的公共产品（服务）供给、基本权利保护、社会经济适应与城市融入问题。农民工市民化的社会成本分为私人发展成本与公共发展成本。私人发展成本是指农民工向城市市民转换所必须付出的私人生活成本、智力成本、住房成本、社会保障成本；公共发展成本是指在农民工市民化过程中，为保障城镇健康协调发展所必需的城市基础设施、生态环境与公共管理等基本功能要素的投资成本。

1. 私人生活成本：私人生活成本是指农民工市民化后在城市正常生活的日常开支成本，包括在城市生活的人均水、电、气、交通、通信、食物开支等方面的成本，但不包括农民工市民化后在城市的住房成本，同时扣除农民工在城市的年人均消费性支出。

2. 智力成本：智力成本是衡量农民工市民化后获得与典型城市市民的平均劳动技能所发生的人均教育支出。这项成本主要是考虑农民工与典型城市市民在劳动技能上有巨大差异。

3. 人均住房成本：城市住房成本是为保障农民工市民化后能在城市安居而必须进行的最低资金投入，这是农民工市民化后社会成本的核心难题之一。

4. 社会保障成本：社会保障成本是指为保障农民工市民化后在城镇的基本养老、医疗、就业、工伤等社会保险而必须投入的最低资金，这也是农民工市民化后社会成本的核心难题之一。

5. 城市基础设施成本：城市基础设施成本是指为了满足城市物质生产和居民正常生活的需要，尤其是农民工市民化后城市人口快速增加而必须建设的交通运输、邮电通信、给排水、能源、环境清洁保护等设施的最低资金需求量。

由于不同地区、不同类型的农民工市民化的成本是不一样。内陆地区尤其是中西部地区城市的基础设施、教育支出、生活成本等都比沿海城市低，这些城市的农民城市化成本比较低。第二代农民工由于受教育程度较高、年龄较轻等原因使其市民化成本低于第一代农民工。同时，不同类型农民工市民化的意愿也不太一样，因此农民工市民化可以按照政府主导，因地制宜的原则，分类逐步有序推进。

（三）农民工市民化的社会成本分担

我们认为，应该从公平和效率角度设计农民工市民化的社会成本分担机制。一是以政府为主分担农民工市民化的社会成本；二是兼顾地方经济发展的积极性；三是兼顾农民工所在企业的发展需要。农民工市民化的成本，除了雇佣农民工的企业和农民工自身需要支付一定部分外，主要应该由各级政府支付，形成中央政府、农民工流入地政府、农民工所在地企业与农民工自身为主体四方承担者。也就是说，建立农民工所在地政府的公共财政支出为主、以中央政府转移支付为辅、农民工以农地流转收益为界公共分担历史积累成本，农民工所在企业通过给予农民工正常的就业待遇和基本的社会保障培育农民工市民化的能力，农民工以自身工资收入承担私人生活成本的成本分担机制。

对皖江城市带新型城镇化发展的调查与思考

中国人民银行合肥中心支行调查统计处
中国人民银行安庆市中心支行调查统计科

皖江城市带积极推进新型城镇化建设，大力促进产城融合，以产业兴城镇，以城镇促产业，实现了产业集聚区与城镇布局相融合、人口板块与经济板块协调发展的良好态势，新型城镇化进程明显加快，但是也存在新型城镇化总体发展水平仍然偏低，土地城镇化快于人口城镇化、城镇化发展水平滞后于工业化等突出问题。

一、皖江城市带新型城镇化发展现状

(一) 人口城镇化水平稳步推进

2012 年，皖江示范区新型城镇化率由 2009 年的 48.9%提高到 54%，年均上升 1.7 个百分点，示范区城镇化率分别超全省和全国 7.5 个和 1.4 个百分点。

(二) 人口城镇化领先全国和中部其他五省平均水平

从全省角度看，由于多种原因，安徽省城镇化水平与全国相比有较大差距。进入 21 世纪后，安徽省城镇人口有了较快增长，2001~2012 年均增长 4.5%，高于全国 3.4%的平均水平，城镇化率与全国的差距逐步缩小。2012 年，皖江城市带人口城镇化水平领先全国 1.4 个百分点，与中部其他五省平均水平相比，分别领先河南、江西、湖南、湖北和山西 11.57 个、6.5 个、7.35 个、0.5 个和 2.74 个百分点。

(三) 流动人口助推了城镇化进程

安徽省是人口大省，也是流动人口大省，大量剩余劳动力离开土地，涌向城镇，为全省城镇化发展增添了新的动力。调查显示，2012 年全省 1500 余万跨乡镇流动人口中，有近 1/3 在省内流动，其中部分人口落户省内的大、中城市，其余作为“候鸟”型流动人口，在城市与农村间“迁徙”，这些流动人口带动农村人口向城镇、城市快速转移，从而带动全省城镇人口增加。

二、皖江城市带新型城镇化进程中存在的问题

（一）城镇化水平呈现明显的区域差异性

总体来看，皖江城市带新型城镇化建设呈现良好的发展势头，但是地区间发展的平衡性和协调性仍不尽合理。分地区看，合肥、铜陵、马鞍山和芜湖城镇化水平高于全省平均水平，分别为66.4%、76.3%、61.2%和58%，滁州、安庆和六安城镇化水平低于全省平均水平，分别为45.1%、39.6%和38.9%，城镇化水平最高的铜陵与最低的六安相差高达37.4个百分点。

（二）城镇化发展速度仍然较慢

纵向比较看，2009~2012年期间皖江城市带和全国人口城镇化水平分别以年均1.7个、2.01个百分点上升，皖江城市带年均城镇化速度落后于全国0.31个百分点，导致皖江城市带人口城镇化水平由2009年领先全国2.31个百分点到2012年领先1.4个百分点，领先优势进一步缩小。横向比较看，皖江城市带城镇化水平与发达省份有着明显差距。同江苏、浙江相比，2012年皖江城市带城镇化率差距分别达到9个和9.2个百分点。

（三）区域中心城市功能单一

一方面，省会城市和中心城市的产业集聚、辐射能力仍然偏弱，综合实力不强，城市功能不够完善，在皖江城市带的战略地位与辐射效应不够明显；另一方面，中等城市功能单一、规模较小，工业基础和非农化水平偏低，在区域经济与社会发展中难以发挥纽带作用。

（四）城镇化发展水平滞后于工业化进程

根据城镇化和工业化发展规律看，城镇化率一般高于工业化率，与工业化率的比值在1.4~2.5较为合理。2012年全省城镇化率为46.5%，与工业化率基本相当，说明安徽省的城镇化水平明显滞后于工业化进程，城镇化发展与工业化快速推进和居民生活水平的迅速提高还不适应。

（五）“土地城镇化”明显快于“人口城镇化”①

数据显示，皖江城市带城市建成区面积由2009年的727平方公里扩大到2012年的981平方公里，提高了34.94%；同期皖江城市带城镇人口从1498万人上升到1678万人②，只提高了12.02%。分析认为，皖江城市带土地城镇化和人口城镇化发展不协调的直接原因是二元土地制度和二元户籍制度。

执笔：张　平　从宝辉

① 相关数据不包括示范区一县一区。

② 2012年数据为初步估算值。

金融支持定西市城镇化建设中的制约因素

中国人民银行定西市中心支行调查统计科

新型城镇化对扩大消费和投资需求、统筹城乡发展、促进经济持续协调发展具有重大意义，城镇化过程中的基础设施建设、公共服务供给、农村劳动力转移等都需要大量资金的支持，就目前定西市金融业的发展情况来看，其对新型城镇化建设的支持仍然相对薄弱。

一、定西市城镇化建设现状

（一）城镇化建设加快推进

2012年定西市实施各类城镇化建设项目263个，完成投资99.8亿元，同比增长34%。其中，89个市区建设项目中，新城区集中供热、旧城区集中供热管网改造等30个项目已建成，薯都大道等59个项目进展顺利。174个县城及小城镇建设项目完成投资57.4亿元，同比增长59%。同时，实施省级连片开发试点和整乡整村推进项目76个，以工代赈和易地扶贫搬迁项目95个。

（二）农村剩余劳动力转移规模不断扩大

定西市近年来大力推行培训、就业、维权“三位一体”的工作模式，不断完善推动机制，加大工作力度，全市劳务输出工作取得了显著的成绩。2012年全市输出劳动力67.875万人，实现劳务收入74.94亿元。定西市涉农金融机构以农户小额信用贷款和联保贷款为依托，积极配合各级劳务输出机构，通过信贷专柜、送贷上门、集中发放等多种方式，为外出创业者提供了全方位的资金支持。自2000年以来，定西市金融机构累计为劳务输出人员发放贷款11.6亿元，年平均增长12.5%，其中仅2012年支持劳务输出9.2万人，发放贷款1.3亿元。

（三）农业产业化能力稳步提高

农业产业化是衡量农村城镇化进程的一个方面。近年来，在金融机构的大力支持下，定西市农业结构调整和产业化经营向纵深推进，农业产业化能力稳步提高。2012年末，定西市金融机构农业产业化龙头企业贷款余额为16.12亿元，占全部贷款余额的6.73%。其中，国家级龙头企业贷款余额为5.47亿元，省级龙头企业贷款余额为8.3亿元，地市级龙头企业贷款余额为2.35亿元。

（四）城镇化水平远低于全省平均水平

2012年末，定西市常住人口为276.92万人，其中，城镇人口71.53万人，占全市常住人口的25.83%，比重比上年提高1.4个百分点，城镇化率比全省平均水平低12.8个百分点，还有54.5%的行政村不通水泥路或沥青路，有104.25万农村人口生活在贫困线以下，城乡居民收入仅为全省的83.2%和79.9%。

二、定西市城镇化建设中的金融制约因素

（一）大型商业银行市场定位与城镇化战略存在矛盾

近年来，国有大型商业银行实施的集约化经营发展战略直接导致乡镇级银行机构的网点缺失，信贷资金向发达地区和大中型企业集中现象比较明显，导致农村地区城镇化建设的资金需求难以满足。2012年末，定西市四家大型商业银行机构数由2000年的163家降至72家，存贷比由2000年的91.22%降至2012年末的38.02%，其存贷差占全市金融机构存贷差的比例达到77.68%，大型商业银行信贷资金加速流出严重制约了城镇化的发展步伐。

（二）金融机构区域分布不均制约了新型城镇化的发展

从定西市实际来看，与城镇化相适应、相匹配的金融体制还不完善，绝大多数金融资源、金融机构、金融业务集中在重点区域和中心城区，乡镇和农村地区长期处于金融服务链的末端，金融支持城镇化建设力量薄弱。目前定西市农村地区拥有全市87%的人口，但金融机构数量仅占全市的58%，城区机构占比较10年前上升了30个百分点，且经济发展较快的安定、临洮、陇西三县集中了全市62%的银行业机构。城乡、县域分布极度不平衡，城区与经济大县金融机构分布过密，农村和贫穷落后县区机构覆盖明显不足。由此引发资金、结算支付服务等金融资源均向城区和较发达县域聚集的趋势，降低了金融资源配置的社会效益。

执笔：张　欢　蔡叔燕

中小微企业原材料成本与产品售价出现倒挂

中国人民银行长沙中心支行调查统计处

我们选取湖南省内25家中小微企业就2013年一季度产品销售价格及原材料进货价格情况开展典型调查。调查显示，受劳动力成本上升、资源紧缺、辅料价格上涨等因素影响，大部分中小微企业的原材料进货价格出现不同程度的上涨，而产成品销售价格并未随成本的变动而变动，原材料成本与产品售价出现倒挂，企业的利润空间进一步缩小，且后阶段预期仍不乐观。

一、产品定价与原材料进价倒挂，企业利润空间明显缩小

（一）企业原材料进货价格持续回升，后阶段下降预期不明朗

从问卷调查反馈的数据来看，被调查的25家中小微企业中，2013年一季度企业的主要原材料价格比上年同期上涨的企业有20个，占比80%，其中涨幅最大的达到20.27%；反映原材料价格比上年同期下降的企业仅有3家，占比12%；反映原材料价格与上年同期持平的企业为2家，占比8%。

一季度企业的主要原材料价格比上季度上涨的企业有16家，占比64%，其中涨幅最大的达到11.25%；反映原材料价格比上季度下降的企业仅有1家，占比4%；反映原材料价格与上季度持平的企业为8家，占比32%。

在对后阶段原材料价格的预期中，有11家企业认为价格将上涨，有11家企业认为价格将下降，其余3家企业认为价格保持不变。

（二）企业产品销售定价较为谨慎与被动，利润空间缩小

问卷调查显示，25家被调查企业中，2013年一季度产品销售价格比上年同期上涨的企业为10家，占比40%；下降的企业为6家，占比24%；价格持平的企业为9家，占比36%。预期后阶段产品销售价格上涨的企业为8家，占比

32%；预期下降的企业为 5 家，占比 20%；预期持平的企业为 12 家，占比 48%。

二、原材料进货价格上升的原因分析

（一）“辅料”价格上涨助推原材料价格

近期国际石油价格波动较大，导致运输等成本上升，无疑在一定程度上推高了相关原材料的价格。例如，某铁合金有限公司生产 FeMn65si17 产品的主要原材料系澳大利亚的澳仔锰矿，受海上轮船运输价格及原产锰矿报价变动影响较大。某电子科技有限公司所需原材料厂铜等价格受国际金融形势、铁矿石价格、国际汇率、燃料运价等多方面因素影响，加之近年来国际经济环境变动剧烈，钢材价格波动幅度较大且价格走势难以预测。

（二）劳动力成本上涨推高原材料价格

在被调查的 25 家中小微企业中，有 11 家企业反映劳动力成本是原材料价格上涨的主要原因，占比 44%。某农产品有限公司反映，由于企业用工需求较大，近两年农民工工资持续上涨，用人成本不断增大，较上年同期上涨了 15%左右，导致人工费用在企业经营成本中的比重增加了 8~10 个百分点。

（三）资源供求矛盾激化原材料价格的上升

25 家被调查企业中有 6 家企业反映其面临着原材料来源供应紧张以及同行业对原材料需求增多的问题。某竹木有限公司反映，2011 年以来木材资源紧张的信号不断发出，尤其是在国家限制政策、汇率以及运输费用上涨的共同作用下，木材出口国严格限制出口量，使得下游的货源持续紧张。

三、产品销售价格与原材料价格倒挂对企业的影响

（一）加剧企业流动资金紧张的窘况

原材料的上涨占用了更多流动资金，企业资金紧张的现象加剧。某化工有限公司反映，在产销率仅为 65%的情况下该企业库存压力很大，占用了大量流动资金，虽然原材料价格持续上涨，但为维持正常生产又不得不购进原材料，造成流动资金紧张。而在现阶段融资难度普遍较大的现状下，企业流动资金紧张的窘况进一步加剧。

（二）直接增加企业生产成本

原材料价格上涨直接导致企业的生产成本增加，产品销售价格却没有同步上涨，导致企业盈利空间进一步缩小，经营压力持续增大。

（三）导致企业盈利能力下降

大部分企业反映目前市场竞争十分激烈，难以通过提高出厂产品价格来消化原材料上涨带来的压力，企业盈利能力下降在所难免。

执笔：盛朝辉　聂承志

煤炭上下游企业对煤炭价格的预期

中国人民银行西安分行调查统计处

人民银行西安分行对煤炭产地榆林、延安、铜川3个地区开展了实地调研，内容包括煤炭价格、上下游企业对煤炭行业未来的发展预期。

自2012年以来，受国内经济增长减速等因素影响，陕西省煤炭市场发生了急剧变化，销售价格持续下滑，各煤炭产地的煤炭价格降幅都非常明显。据人民银行西安分行对陕西省煤炭价格的监测，2013年2月，榆林、延安、铜川、渭南等地区的煤炭价格同比下降幅度多数都超过10%以上，下滑幅度高者达到20%以上。

调查中，煤炭上下游企业对2013年煤炭价格走势的预期，榆林三江煤化工及榆林煤炭科技等炼焦企业表示，国内炼焦煤供应偏紧，其在榆林市周边也采购不到所需要的炼焦煤，从神木县采购的炼焦煤价格居高不下，预计炼焦煤价格还有上升空间。但对于煤炭整体价格来看，煤炭上下游企业、金融机构均表示对煤炭价格的短期和长期走势持下行判断。企业认为，从近期看，国内电厂煤炭库存仍居高位，还处于去库存阶段；而从长期看，也存在诸多因素影响市场对煤炭价格走低的预期，煤炭价格仍有进一步下跌的可能。

一、受下游需求不足及环保治理影响，煤炭需求或仍低速增长

榆林市统计局反映，从榆林2012年到2013年的工业发展状况看，虽然煤炭产量增加，但从需求方面看不到多少积极的因素。与2012年同期的高点相比，截至2013年2月末，目前的煤炭整体价格仍旧在低位运行，座谈中大多数企业认为，房地产、汽车制造、机械加工、炼钢、发电等下游企业的发展状况都将直接决定煤炭的销售，在整体宏观形势并未全面回暖的情况下，煤炭市场即使有所回暖也难以持续。特别是2013年以来长达半个多月的雾霾天气给环境治理再次敲响了警钟，包括基础工业在内的煤炭、焦化、水泥、建材、钢铁等高耗能高污染企业将成为重点整治的对象，

所以总体上来看，煤炭的需求难以呈现大幅增长，可能将延续低速增长的态势。

二、煤炭产能过剩问题越趋严重，供过于求或成常态

2012年以前的十年，受益于煤价不断震荡上扬，煤炭行业盈利能力整体较强，煤炭行业固定资产投资持续保持快速增长势头，2002~2011年，煤炭开采及洗选业固定资产投资同比增速始终保持在23%以上，经过多年大规模的煤炭投资、资源整合和技术改造，煤矿产能大幅度提高。2013年1月23日，国家能源局发布的能源发展“十二五”规划中提出，到2015年，我国煤炭消费比重应降低到65%左右，煤炭产量控制在39亿吨以内。电力企业榆林国华锦界能源预计，“十二五”后3年是煤炭产能集中释放期，预计平均每年将有4亿~5亿吨产能释放，而由于我国煤炭消费控制性的降低，每年消费增量预计只有2亿吨左右，供过于求形势严峻。在2015年前，煤炭市场整体将步入供大于求的局面，从卖方市场逐步过渡到买方市场。

三、火电投资下降及可再生能源的发展，将显著降低煤炭需求

煤炭企业及电力企业对目前的火电投资均不持乐观态度，企业认为，国家对煤炭消费比重的限制，将进一步限制火电的投资增长，这种迹象已经在2012年有所显现。中国电力企业联合会近日公布数据，2012年，全国电源工程完成投资3772亿元，同比增长1.6%；其中火电投资1014亿元，同比下降3.8%，火电投资占全国电源工程总投资比重较2011年下降1.5个百分点。火电投资下降，势必减少对煤炭的需求。与此同时，近10年我国加大了可再生能源发展步伐，在以水电、风电为主的可再生能源领域，我国发电装机规模跃居世界第一，太阳能发电装机近10年也增长迅猛，这些能源将从能源大舞台的幕后走到台前，将进一步减少对煤炭的需求。

四、进口冲击短期内难以消除，抑制煤价反弹回升

谈起进口煤对国内2013年煤炭的影响，煤炭企业表示，进口煤的价格优势，会导致2013年煤炭进口量仍将难以下降。海关总署发布的统计数据显示，2013年1月我国煤炭进口量达3055万吨，同比大幅增加56.3%，高于上年全年进口增幅26.5个百分点。从国内来看，一是我国沿海地区对进口煤已经有了一定程度的依赖，部分进口煤已经成为刚性需求；二是我国煤炭进出口市场竞争程度较高，进入门槛相对较低，只要国内外存在价差，煤炭进口量就会增加；三是国内用煤大户也逐步将更多的目光投向国际市场，做到充分利用国内外两个市场、两种资源，在价格适当的情况下，增加煤炭进口。企业表示，尤其在2013年三四月冬季供暖期结束、煤炭需求下降后，随着进口煤的冲击，国内煤价将更不乐观。

我国成品油价格形成机制改革进程与完全市场化难题

中国人民银行合肥中心支行调查统计处
中国人民银行安庆市中心支行调查统计科

一、国内成品油价格形成机制改革进程回顾

从1998年石油工业大重组、启动与国际接轨的定价机制改革以来，我国成品油分销领域经历了成品油流通体制改革、成品油价税体制改革等一系列持续、配套的渐进式发展过程，市场化进程稳步推进。改革开放以来，我国成品油定价大致经历了四个阶段。第一阶段，20世纪八九十年代，采用原油和成品油倒挂机制，原油价格低而国内成品油价格较高，这种机制有利于国家税收和财政的发展，但是限制了上游行业的发展。第二阶段，1998~2004年，采用原油和成品油相挂钩的机制，价差逐步回归到合理水平。第三阶段，2004年至2009年，国家发展改革委根据国际市场和国内实际情况确定汽柴油价格。期间，国内成品油价格长期滞后于国际油价变化，2007~2008年，国际原油价格经历了一波过山车行情，而国内成品油价则基本没有太大反应。第四阶段，2009年之后采用“成本加成法”定价机制，明确成品油价格调整周期、考虑部分原油市场价格变动幅度，国内成品油价格离国际原油逐步接近。

二、完善后的国内成品油价格形成机制主要内容和优点

在经济全球化进程中，由行政管制到逐步放开市场化是我国石油价格管理方面的必经之路，此次完善后的成品油价格形成机制朝着市场化又迈出了重要一步。

（一）完善后的成品油价格形成机制主要内容

1. 缩短调价周期。成品油价格调整

表 1998年以来成品油价格形成机制改革历史演进

时间	标志	核心内容
1998年6月	《原油、成品油价格改革方案》	对汽油、柴油零售价格实行政府指导价，确立了与国际油价接轨和保持国内油价相对稳定的双重目标。
2000年6月	对国内成品油价格形成机制进一步改革	国内成品油价格参照国际市场价格变化响应调整，当时参考的是新加坡成品油市场价格。
2001年11月	挂钩联动机制进一步完善	由单纯依照新加坡市场改为参照新加坡、鹿特丹、纽约(6:3:1)三地市场价格来调整，对启动调价的三地价格加权变化幅度作了调整。
2006年3月	《国务院办公厅关于转发发展改革委等部门完善石油价格形成机制综合配套改革方案和有关意见的通知》	成品油价改为以国际市场原油价格为基础，以不同行业之间利益转移的方式，推出四个配套机制：(1)石油企业内部上下游利益调节机制；(2)相关行业价格联动机制；(3)对部分弱势群体和公益性行业给予补贴的机制；(4)原油涨价收入的财政调节机制。
2007年2月	原油成本法开始采用	以布伦特、迪拜和辛塔三地原油现货价格的加权平均值(4:3:3)为基准，当国际市场原油连续22个工作日移动平均价格变化超过4%时，相应调整国内成品油价格。
2008年12月	出台《成品油价税费改革方案》	(1)国内成品油价格与国际原油而不是国际成品油市场价格接轨；(2)费改税，即取消公路养路费、航道养护费、公路运输管理费等6项收费，并将汽油消费税单位税额由每升0.2元提升至1元，柴油由每升0.1元提升至0.8元；(3)修改了汽油、柴油价格调整的边界条件，规定当国际市场3种原油连续22个工作日移动平均价格变化超过4%时，相应调整国内汽油、柴油价格；(4)将汽油、柴油零售基准价格允许上下浮动改为实行最高零售价格，并适当压缩了流通环节差价。
2009年5月	出台《石油价格管理办法(暂行)》	对此前成品油价格改革方案的进一步确认和体现。
2013年3月	进一步完善国内成品油价格形成机制	(1)缩短成品油调价周期；(2)取消三地原油加权价格变化超过4%幅度限制；(3)调整挂靠油种；(4)完善价格调整程序。

周期由22个工作日缩短至10个工作日，成品油定价机制将使调价更为及时。此外，当汽油、柴油涨价或降价幅度低于每吨50元，折合到每升调价金额不足5分钱，为节约社会成本，零售价格暂不作调整，纳入下次调价时累加或冲抵。

2. 取消幅度限制。完善后的成品油定价机制取消了国际市场三种原油移动平均价格下跌超过4%的幅度限制，使得成品油定价机制将更加能够反映国际油价的涨跌水平。

3. 调整挂靠油种。根据进口原油结构和国际市场原油贸易变化，调整了国内成品油价格挂靠油种。基于对国家石油安全和市场炒作的考虑，并未公布调整后的挂靠油种和加权权重。有分析认为，完善后的定价机制应保留布伦特和迪拜，去除辛塔并引入阿曼原油现货。阿曼原油和迪拜原油均是沙特、伊朗等国石油出口远东的定价参考，同时阿曼也是中国的重要进口来源国之一。

4. 完善价格调控程序。当国内价格总水平出现显著上涨或发生重大突发事件，或者国际市场油价短时内出现剧烈波动等特殊情形需对成品油价格进行调控时，依法采取临时调控措施。

（二）完善后的成品油价格形成机制主要优势

1. 新机制更趋透明。原有的成品油定价机制是2008年末成品油价格和税费改革时确立的，期间国家对成品油价格进行了10次下降、15次上升，共25次调整。原机制确定的原则、办法和相关配套措施一定程度上符合市场化改革方向，但原机制在运行过程中存在着调价周期过长、调价边界条件较高和挂靠油种如何适应形势变化等问题。完善后的定价机制调价频率加快，调价时间节点透明度进一步增强，

2. 新机制更加灵敏地反映国际市场油价变化。在新机制下，国内油价能够更加灵敏地反映国际市场油价变化，更加有利于利用境外资源，避免经营者无风险套利行为，有效遏制市场投机。

3. 新机制有助于缓解炼油公司亏损，保证国内成品油供给。长期以来，我国炼油公司长期处于亏损或微利状态。近年来，国际原油价格波动频繁，布伦特原油价格从每桶68美元上涨至110美元左右，涨幅近60%；同期国内90号汽油均价由5.2元/升左右上升到目前的7.5元/升左右，涨幅约44%，明显低于同期国际油价涨幅。在成品油价格形成新机制下，后期的销售价格将更能及时反映成本价格的变动，价格调整频率明显加快有助于炼油公司缓解亏损，有效提高炼油公司生产积极性，确保我国成品油产量稳步增长，保证国内成品油供应。

值得一提的是，鉴于我国仍处在成品油供不应求的状态，国内需求增长过快，当前成品油价格完全市场化的条件尚不具备。完善后的成品油定价机制将使国内成品油价格与国际原油价格更为贴近，但仍然不是完全市场化的成品油价格。新机制总体上属于在现行体制机制框架内的适当调整，属于“成本加成法”的定价机制，国内油价水平的影响仍然主要取决于国际市场原油价格走势。如果参考国内成品油需求定价，可能导致成品油价格增长过快。

执笔：朱　波　张　平　操基平
从宝辉

芦山地震对雅安市及四川经济金融影响的初步分析

中国人民银行成都分行调查统计处

芦山地震是四川遭遇汶川特大地震之后最大的一次地震灾害，重灾区四川省雅安市资本存量和生产要素遭受巨大损失。预计二季度雅安市尤其是重灾县经济增长将大幅放缓，但随着灾后重建的逐步展开，在大规模投资和信贷刺激作用下，未来雅安市及重灾县经济金融将保持高速增长。由于芦山地震破坏程度和影响范围明显小于汶川地震，加之重灾地区经济金融总量在四川占比小，此次地震对四川省经济金融整体影响有限。

一、地震对雅安市经济金融冲击效应明显

与汶川特大地震不同，芦山地震尽管波及范围较广，但其破坏区域主要集中在四川省雅安市。据四川省政府第七场新闻发布会数据显示，雅安市死亡失踪人数占全省的89.9%，雅安市农房和城镇住房倒塌占比分别达全省的79.9%和98.1%。本次地震对雅安市经济金融的冲击主要体现在以下几个方面。

（一）短期内地震对雅安市经济金融造成较大冲击

地震对全市生产供给能力造成较大破坏。震灾使雅安市基础设施，包括公路、桥梁、电力、通信、水电站、水库，都受到不同程度的破坏。初步统计显示，震灾造成雅安市多条道路中断损毁，44座加油站受损，36座水库受损，受损堤坝99千米，192座水电站受损，34个35千伏及以上变电站全部停运，加之部分企业自身厂房、设备受损和人员伤亡，当地工业企业生产经营活动受到严重影响，部分企业即便没有遭受直接损失，也可能被迫进入停产或半停产状态，预计二季度雅安市工业生产会出现大幅回落。

商贸、住宿餐饮和旅游等第三产业受到明显冲击。突出表现在抗震救灾阶

段，全市尤其是重灾县大部分商贸、住宿餐饮等网点因营业用房损坏或客流量剧减等因素纷纷停业。此外，生态旅游业是全市的优势产业，由于旅游资源受到较大程度破坏，并且在短期内造成游客心理恐慌，管理部门也会因安全和救灾等需要主动劝散游客。

抑制投资和消费需求。地震造成雅安市大量房屋和基础设施严重损坏，短期内对投资者信心和投资环境带来较大冲击，势必延缓已有投资项目建设进度，加上灾后重建投资因规划、资金等因素不可能立即启动，预计二季度雅安市全社会投资完成额会大幅下降。此外，全市人员伤亡和财产损毁严重，居民消费能力受到抑制。

物价总体会保持稳定。震灾对物流运输会产生一定影响，个别品种价格可能出现波动，但在政府强有力的价格干预和全国各地的大力支援下，短期内全市消费品供应充足，物价总体会保持平稳。然而，由于灾区工农业生产遭到较大破坏，供应能力明显下降，未来物价可能出现反弹。

货币信贷加速运行。根据汶川地震经验，居民出于资金安全考虑会将手持现金转化为存款。同时，在企业临时性拨款增加且短期内投资受限，以及各类赈灾资金推动下，雅安市各项存款将明显上升。在抗震救灾和重建贷款增长的带动下，全市各项贷款在短暂停滞后将快速上升。但是，主要重灾县由于金融机构业务受到地震干扰，信贷发放可能出现同比少增。

信贷质量下降和保险赔付增加。震灾对银行客户企业和贷款项目造成一定损失，直接影响对公贷款质量；全市尤其是重灾县个人贷款因部分客户遇难或丧失还款能力、抵押品损毁等原因也将直接形成呆坏账损失，预计贷款质量将持续下降。此外，短期内保险业的赔付支出将较快增长，但由于地震责任在大部分财险产品中属于免赔，加之重灾区大部分在山区，保险覆盖率较低，后续赔付主要是寿险。预计此次地震总赔付金额在0.4亿~0.9亿元左右。

（二）中长期看，雅安市经济金融将较快增长

灾后重建将刺激未来全市投资增长。受损的房屋、厂房、交通、电站和水利设施等重建将很快对全市投资增长形成推动力，且部分受灾严重的县市不排除需要异地重建，从而可能经历较长周期，因此二季度以后乃至未来2~3年将是全市投资的高峰时期，投资的高速增长成为拉动雅安经济的主要动力。初步预计，中央重建资金可能在400亿元左右，将对灾后重建形成有力的资金支持。

灾后重建将形成旺盛的信贷需求。首先，震灾之后的救灾和恢复重建阶段，灾民的安置和交通、通信、能源、医疗、教育等公共基础设施的建设对信贷资金的需求会急剧上升。其次，部分制造业企业恢复生产、商贸和旅游业等第三产业恢复营运等也会产生较强的信贷需求。此外，国家会对灾区实施再贷款、再贴现、存款准备金等金融支持政策。4月22日，成都分行向雅安灾区新增了5亿元流动性再贷款限额，以保障灾区金融机构抗震救灾的临时流动性需求。

全市房地产业可能受到较大冲击。地震造成全市尤其是芦山、宝兴和天全等重灾县房屋损毁严重，未来较长一段时间内房产交易量可能急剧萎缩。芦山地震是继汶川地震之后龙门山断裂带的又一次强震，这对房地产开发商、购房者和银行业金融机构的信心打击较大，市场信心恢复尚需较长时间。此外，房地产开发商资金链将面临较大压力，不利于雅安房地产行业的发展。地震一方面延缓了开发商项目开发的进度和购房者的购房计划，并可能改变房价上涨预期，进一步加剧房地产市场的观望情绪，开发商销售回款会受到较大影响；另一方面银行对房地产贷款的发放更趋谨慎，也会加剧部分房地产开发企业资金紧张。

居民消费将逐渐恢复。随着灾后重建的展开和生产生活秩序的恢复，居民重建家园需要购置新的用品用具，加之第三产业逐渐恢复，下半年以后全市消费有望逐渐恢复到震前的平稳运行态势。

二、地震对四川经济影响较小

（一）直接经济损失远小于汶川地震

目前雅安地震灾区的直接经济损失尚未公布。我们根据汶川地震50个受灾县2007年GDP与直接损失评估结果进行测算，芦山地震的直接经济损失大概在400亿元左右，仅占2012年四川省GDP的1.68%。

（二）受灾地区经济总量较小

雅安下辖6县2区，2012年末户籍人口156万人，占四川省总人口的1.72%。从地区生产总值看，2012年雅安市GDP总量为398亿元，占四川省GDP的1.67%，其中，损失最严重的芦山、宝兴和天全的GDP总量只占四川省GDP的0.35%。从工业来看，与汶川地震重创四川重工业基地不同，雅安地区工业基础相对薄弱，当地基本上没有大型工业企业。2012年雅安全部工业增加值占四川省工业增加值的1.89%，地震重灾三县全部工业增加值只占四川省工业增加值

表　灾区2012年主要经济指标及年末人口状况

	GDP		全社会投资		消费品零售总额		全部工业增加值		年末户籍总人口	
	亿元	占比（%）	亿元	占比（%）	亿元	占比（%）	亿元	占比（%）	万人	占比（%）
四川	23849.80		18038.92		9087.91		10800.50		9058.40	
雅安	398.05	1.67	357.20	1.98	131.92	1.45	203.70	1.89	155.80	1.72
其中：芦山	25.35	0.11	29.93	0.17	7.08	0.08	14.11	0.13	12.10	0.13
天全	37.84	0.16	33.65	0.19	12.55	0.14	21.13	0.20	15.40	0.17
宝兴	20.23	0.08	30.44	0.17	5.23	0.06	12.04	0.11	5.90	0.07
合计占比		0.35		0.52		0.27		0.44		0.37

的 0.44%。从投资和消费看，2012 年，雅安市全社会固定资产投资和社会消费品零售总额分别占四川省的 1.98% 和 1.45%，重灾三县占比分别为 0.52% 和 0.27%。

（三）金融运行风险总体可控

首先，从直接经济损失看，据四川省金融办初步数据，金融系统在芦山地震中直接损失合计 4.4 亿元。其中，营业房和办公用房受灾面积为 26.66 万平方米，损失价值合计 3.86 亿元；系统网络和设备损失价值合计 2048.9 万元。尽管金融系统直接经济损失巨大，但与四川省金融系统 2012 年末高达 5.47 万亿元的资产相比，影响十分有限。其次，从可能产生的不良贷款看，按照汶川地震不良贷款率初步测算，因雅安市金融总量占比较小，2012 年末，雅安市金融机构本外币各项存款、贷款余额分别为 619 亿元和 349 亿元，分别占四川省的 1.38% 和 1.27%，预计芦山地震造成雅安市不良贷款增加 24 亿元左右，未来三年还将有 20 亿元左右贷款资产可能因地震灾害影响向下迁移。综合考虑，震灾对四川省不良贷款率的影响也仅有 0.17 个百分点。此外，从地震后部分上市公司发布的公告来看，雅安地震对四川境内的上市公司影响不大，四川省内多家上市公司均表示暂未受到地震影响。

因此，从省级区域层面看，芦山地震由于破坏程度和受灾范围远小于汶川地震，且主要受灾区域经济金融总量占比较小，震灾对四川经济金融影响整体有限。由于雅安市和广元市在经济总量和产业结构等方面较为接近，我们参考汶川地震后广元经济发展情况对雅安未来经济走势进行了初步测算，并据此对四川省经济影响作出初步判断。预计二季度四川省经济增长放缓不超过 0.2 个百分点。随着灾后重建的开展，震灾对四川省经济增长的冲击会减弱，并大约在一年后转为正面，但拉动经济增长的效应同样不明显，总体影响效应预计在 0.2 个百分点左右。

执笔：张　萍　文　青

新型禽流感病毒冲击山东省养殖业对金融的影响不容忽视

中国人民银行济南分行调查统计处

为了解禽流感对山东省金融业的具体影响，人民银行济南分行在全省开展了快速调查，并联系山东省畜牧局、省农行及省农联社了解有关情况。调查结果显示，禽流感对山东省家禽养殖业冲击较大，并由此影响金融运行：一是养殖业信贷质量下降；二是养殖场户进一步的贷款需求萎缩；三是物价中期上涨压力加大。

一、疫情对山东省家禽产业冲击较大

（一）家禽消费需求骤降，企业库存积压明显

据调查，山东省内主要家禽屠宰加工企业产品销售额较疫情发生前下降50%~70%；批发零售市场销售量下降50%以上，部分地区甚至达到80%；相当数量的学校、企业等团体消费单位已停止食用鸡肉。截至4月25日，全省220家肉鸡屠宰加工企业产品库存27万吨，较3月末增长43.9%；159家肉鸭屠宰加工企业产品库存17.9万吨，较3月末增长32%。

（二）产品价格大幅下跌，家禽产业损失惨重

进入4月以来，家禽及其产品价格快速下跌。据调查，截至4月27日山东省毛鸡和毛鸭价格分别为7元和6.5元每千克，同比分别下降26.5%和18.4%；肉鸡和肉鸭产品分别为9元和7.5元每千克，同比分别下降18.2%和16.7%。

据畜牧部门综合测算，当前山东省养殖户出栏每只2.5千克体重的肉鸡，亏损约4~5元，一体化企业按合同价收购，每只亏损3元左右，截至4月28日全省家禽产业直接损失已超过24亿元。据调查，以从事肉鸡专业生产的青岛优牧养殖合作社为例，该社由于与社员签订了养殖合同，按合同价格收购，因此当地农民并没有受到损失，而合作社近两个月已亏损近400万元。

（三）进口国入关检测趋严，但禽类产品出口未受实质性影响

据了解，我国发生人感染禽流感病例以来，各进口国目前虽增加了检测频率，但尚未封关，因此虽一定程度上增加了出口企业的过关检测负担，但从我们调查情况看，目前山东省养殖企业出口运行依然稳健。以青岛康大外贸集团公司为例，该公司以活鸡加工产品为主，其中熟鸡产品主要出口日本，约占30%，目前基本未受影响；生鸡以内销为主，受禽流感疫情的影响，其主要客户——肯德基、麦当劳等对生鸡的需求量锐减，据企业测算2013年以来给企业造成直接损失约150万元。

（四）禽苗销售严重萎缩，部分中小养殖户拟退出

受疫情影响，农民补栏积极性受挫。全省禽苗销量较疫情发生前下降50%以上，孵化场已基本处于停产、半停产状态。全省祖代肉禽种禽场存栏减少近20%。父母代肉禽种禽场已经压缩和准备压缩生产规模的场有200多个，预计减少存栏300多万套，约占全省存养总量的20%。

由于禽类流感是常见养殖风险，因此大型养殖企业一般都有较为成熟的风险分散机制，而中小养殖企业抗风险能力明显偏弱。以青岛为例，青岛九联集团股份有限公司、山东新希望六和集团有限公司、青岛正大有限公司等大型龙头企业拥有较为完整的产业链条，在疫病防控、食品安全、产品质量方面的控制措施较完善，建有自己的低温冷库，外销和内销渠道较为健全，目前出口渠道正常，而国内销售市场趋冷。龙头企业4月销售量平均下降30%，但价格仅下跌5%左右，显著低于全省平均水平。基于天气即将转暖、疫情大面积扩散可能性较低的判断，龙头企业应对短期冲击的信心较为充足。但以内销为主，疾病防控和仓储措施较为薄弱，对市场走势把握判断能力偏弱的中小养殖户信心低迷。面对此次严重的禽流感冲击，部分中小养殖户萌生退出养殖行业意愿。

二、疫情对金融的相关影响

疫情发生以来，各级政府及金融机构积极采取措施帮助相关场户渡过难关，如省政府要求各级财政按15元/只的标准对祖代以上种禽进行补贴，对农业龙头企业收购加工储藏家禽产品给予100元/吨的一次性补贴，在疫情期间适当减免家禽养殖、加工企业的城镇土地使用税、房产税和车船税；人民银行协调金融机构开辟信贷、结算“绿色通道”，相关信贷资金审批发放周期较正常贷款缩短5天，资金结算效率较正常资金结算提高48%。

山东省是畜禽养殖和出口大省，禽类出栏占全国的20%，金融对禽类相关产业支持较大。以山东省农村信用社为例，截至2013年3月末，其禽类贷款余额达45.5亿元；山东省农业银行共有家禽为主业或禽产品占比较大的57户贷款企业，截至4月23日其用信余额（包括贷款、银行承兑汇票、信用证及保函等）

达28.3亿元。因此，需高度重视疫情对金融的影响。

（一）信贷资产质量下降，农户联保风险存在隐患

家禽加工企业库存高企，流动资金被大量占压。由于家禽类产品销售受阻，价格大幅下跌，多数肉禽生产加工企业被迫增加库存以减少损失，库存大幅上升，导致大量流动资金被占压，资金状况较为紧张。据山东盈泰肉制品反映，自禽流感疫情出现以来，仅肉鸡库存两周内就新增1000多吨，占压流动资金600多万元，若根据目前冷藏价格计算，企业每月需增加冷藏支出近30万元。另据聊城市中心支行调查，目前当地养殖企业存货和应收账款占款较3月末提高18%，部分企业还面临饲料供应商催要货款的压力。

部分养殖场户信贷质量下降。据临沂中心支行调查，沂水县涉及禽类养殖户贷款的金融机构主要有农业银行、农村信用社和沂水中银富登村镇银行，目前这几家机构存量家禽养殖类贷款1979笔，同比下降316笔，环比下降84笔；贷款金额19324万元，同比下降6004万元，环比下降1596万元；贷款涉及农户311户，同比下降42户，环比下降14户，其中农村信用社已形成不良贷款2860万元，同比增加1933万元，环比增加717万元，其余两家金融机构由于涉及禽类养殖贷款多数未到期，未产生不良。另据德州中心支行调查，截至2013年4月19日，德州市临邑县银行业机构共出现8笔养殖户贷款逾期，合计金额35万元，另有11户存在欠息行为。

养殖类行业联保易引发连锁信贷风险。目前，当地农户担保贷款多为同行业联保，因此担保户与贷款户风险同质化严重，养殖类联保风险一旦暴露，极易造成行业大面积连带风险。

（二）养殖场户信心受挫，贷款意愿降低

调查显示，截至目前虽然各贷款行尚未有退出或压缩贷款的情况发生，但养殖企业和养殖户的信贷意愿却明显减弱。一是在未来形势不明朗的情况下，大型企业不愿扩张规模，投资意愿减弱，信贷需求不迫切；二是部分养殖户在禽流感期间已暂停养殖，信贷需求减少；三是一些损失较重的中小养殖户已彻底退出市场，信贷需求消失。

（三）物价中期上涨压力增大

短期来看，此次禽流感事件对CPI影响并不大，但中期将构成一定上涨压力。主要是当禽流感阴影消散后，市民对家禽的消费需求将逐步回升，而由于养殖企业与中小养殖户的生产能力大幅降低，家禽业的后期供给需要较长时间的恢复周期，较大的供给缺口会导致家禽类产品价格报复性上涨，加之目前过低的猪肉价格导致生猪养殖减少，而肉禽价格约占CPI的3%，如果下半年肉禽价格同时反弹，将对CPI产生较大上涨压力。

执笔：代金奎　杨　阳　郑　蕾

商业银行理财产品定价对我国货币政策操作的启示

中国人民银行重庆营业管理部调查统计处

目前，商业银行人民币理财产品已经快速发展成为颇具规模且高度市场化的影子银行。调查显示，理财产品的定价水平——预期收益率较为真实反映了市场资金的真实价格，并且包含了市场对未来宏观经济的预期等判断。本文主要基于收益率曲线理论对商业银行理财产品收益率在利率体系中的作用开展了实证研究。

一、理财产品主要特点分析

（一）市场规模迅速增长

2012 年全年，全国共发行商业银行人民币理财产品 91275 只[①]，累计募集资金 41.57 万亿元。截至 2012 年 12 月末，人民币理财产品存续 31208 只，比年初增加 11324 只，同比增长 36%；期末产品余额 6.61 万亿元，比年初增加 2.33 万亿元，同比增长 35.25%。

（二）理财产品收益率实现程度较高，能较好地反映市场对未来经济走势预期

根据理财产品系统数据显示，当前已经兑付的理财产品中，近九成的理财产品都实现了预期收益率，即实际收益率大于或等于预期收益率。问卷调查结果显示，87.5%的投资者对银行实现预期收益有信心，且 64.89%的投资者认为理财产品收益率是对当前市场资金价格较为真实的反映。同时调查问卷显示，银行和投资者在购买理财产品时将未来经济走势纳入首要考虑的因素之一，表明当前理财产品预期收益率具有较强的科学性和合理性，且较好地体现了市场各方主体对未来经济走势的预期。

（三）购买资金以个人为主，其收益率反映了一种“准存款”的收益水平

截至 2012 年末，个人购买人民币理财产品的资金余额占到整个理财产品资

① 理财产品数据均来源于人民银行“理财与信托统计系统”。

金余额的近七成。同时问卷调查表明，在个人购买理财产品资金来源中，89.88%来源于银行存款或现金收入。由于理财产品大部分风险较低、收益率实现程度较高，并且在数量上表现为与存款的此消彼长，表明理财产品已经成为当前银行存款的最大替代品，其收益率也成为一种“准存款”收益水平。

（四）具有参与主体丰富、价格映射全面、期限结构完整等特点

从理财产品交易对象来看，其交易主体极为丰富，包含了个人、企业以及机构等，是目前金融市场中交易主体最为丰富的一类产品。从理财产品种类（挂钩的投资标的）来看，其与各类金融市场都有所联系，如实体信贷、票据市场、银行间市场、债券市场、证券市场、外汇市场等。从理财产品期限结构来看，当前银行理财产品同时兼备超短期、短期、中期、长期资金价格信号功能，特别是6个月以内期限结构的理财产品种类更丰富。

二、商业银行理财产品收益率的时序分析

（一）理财产品收益率与募集金额间具有较强相关性

投资者调查问卷结果显示：除不能判断以外，52.55%的投资者对理财产品收益率敏感程度较高，并且会根据收益率变动而改变投资方式。从理财产品月度平均加权收益水平与月度募集金额来看，2012年以来理财产品收益率与募集金额两者间相关系数为0.64，表明当前银行理财产品收益率是一种市场化程度较高的收益水平，并且与其他市场化程度较高的收益水平（如Shibor）等不同的是，理财产品资金主要来源于实体经济，因此其收益水平更能反映与实体经济之间的联系。

（二）理财产品收益率围绕稳定水平上下小幅波动

自2011年7月以来，理财产品月度平均加权收益率围绕稳定水平小幅波动，其平均收益水平比1年期定期基准存款利率高出110~121个基点、低于1年期贷款基准利率183~196个基点。从时间段来看，2012年以来理财产品收益率持续回落，到2012年10月已经下滑至2011年7月以来的最低水平，与1年期存款基准利率间的息差总体呈收窄趋势。分期限看，6个月以下理财产品收益与相对应基准存款利率间息差相对平稳，但1年期左右的理财产品收益与基准利率有逐渐缩小的趋势。理财产品收益率在一定时期内保持均衡的水平，表明其与存贷款基准利率之间存在较为稳定的价差水平，可用其作为未来存款利率市场化的有益探索，也为存款收益水平评估提供了依据。

（三）不同期限的理财产品收益率走势差异明显

一是1个月以下的超短期理财产品收益率先抑后扬。随着2011年下半年通胀预期下降和市场资金面有所宽松，使得超短期理财产品收益率到2012年年中出现较大幅度回落，随后呈稳步回升态

势。二是1年以上的理财产品收益率平稳下滑。尤其是在两度下调存款利率后，理财产品收益率下滑趋势表现更为明显，与存款利率走势更为接近。由于理财产品的收益率对市场化后的存款利率走势有着较强的指示作用，因此可以预期利率市场化后，银行资金募集短期资金的成本可能会逐渐上升，但升幅相对有限。

三、基于理财产品收益率曲线的计量分析

按照经典收益率曲线理论的定义，收益率曲线是由不同期限的，但具有相同风险、流动性的金融产品收益率连接而形成的曲线。由于我国理财产品具有市场化程度较高、实现率较高、流动性较强等特性，符合构建收益率曲线的基础。由图可见，各个时点上的理财产品收益率曲线呈一条向右上方上升趋势的曲线，符合收益率曲线的典型形态，直观地描述了理财产品收益随着期限结构的延长而上升的规律。

图　2012年理财产品收益率曲线变动情况

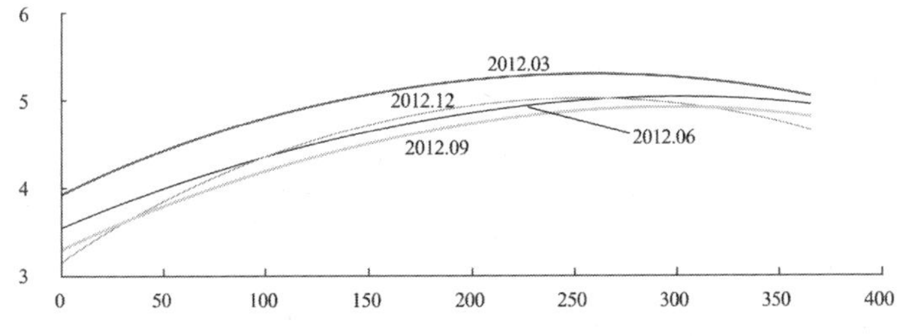

(一) 2012年以来的理财产品收益率曲线总体呈下移趋势

一是静态地看，2012年理财产品收益率曲线远端略微向下，表明市场对未来经济走势不太乐观。按照经典收益率曲线方法绘制出的理财产品收益率曲线是一条向右上方上升趋势的曲线，符合收益率曲线的典型形态，直观地描述了理财产品收益随着期限结构的延长而上升的规律。2012年理财产品收益率曲线远端略微向下，表明市场对未来宏观经济走势不太乐观。二是动态地看，理财产品收益率曲线总体呈下移趋势。从2012年主要时点上的理财产品收益率曲线来看，总体呈向下移动的态势。其中，2012年12月收益率曲线中部明显上凸，而四季度国内经济也呈触底回升态势。

(二) 与存款收益率曲线的比较表明：利用理财产品收益率可以有效评估存款利率水平

直观上，理财产品收益率曲线在形态上可以近似表现为存款收益曲线上浮一定基点，通过将不同时点上的各期限结构理财产品收益率减去其与同期存款利率的利差均差，可以发现2012年3月移动后的理财产品收益率曲线位于存款收益率曲线右下方，此时各期限结构的理财产品收益率已经低于同期存款收益，反映出市场认为当前存

款利率有可能被高估，具有下调预期。从实际情况来看，2012年4月中央银行也已经开启了降息窗口，表明理财产品收益水平对实际利率评估具有较强的指导意义。

（三）与Shibor收益率曲线的比较表明，理财产品收益率曲线可以有效检验货币政策传导效果

通过理财产品收益率曲线与Shibor收益率曲线的比较发现，两条收益率曲线的走势较为一致。由于理财产品收益率反映的是市场终端利率水平，其走势是对货币政策传导效果的最终体现。Shibor作为目前中央银行货币政策价格调控的基础，因此可以利用两者收益率曲线趋势的一致性程度判断货币政策的传导效果是否存在偏差。

（四）与中央银行票据收益率曲线对比分析结果表明：理财产品收益率是中央银行票据等货币政策公开市场操作效果的理想检验指标

中央银行票据收益率曲线与理财产品收益率曲线在趋势表现为较强的一致性，通过进一步对同期限结构类的中央银行票据收益率与理财产品收益率进行Granger因果检验。结果显示，滞后一期的中央银行票据收益率对理财产品收益率影响明显，表明中央银行票据收益是理财产品收益水平的重要影响指标。由于中央银行票据操作的主要目的就是通过影响市场流动性，进而影响市场的实际价格，因此作为受中央银行票据收益影响明显，并同时反映市场终端实际价格的理财产品收益率，是比较理想的评估中央银行票据等公开市场操作成效的检验指标。

四、政策建议

为促进理财产品的合理发展，推进金融市场改革，建议将理财产品收益率状况纳入利率评估及决策参考因素之一；利用商业银行理财产品开展存款利率市场化评估，加速我国利率市场化推进进程；市场对未来宏观形势预期不乐观，货币政策应在稳增长政策储备方面及早应对；充分利用中央银行票据收益对市场实际产品定价的影响，发挥其预调未来价格走向的作用。

对四川省农村理财情况及制约因素的调查

中国人民银行成都分行调查统计处

随着我国农村经济的发展和农民收入的逐步增长，农民资产保值增值理念逐步转变，理财意识和理财需求逐步增强。为了解目前四川省农村理财市场发展情况及影响因素，近期人民银行成都分行对辖内14个市州1665户农户开展了相关调查。结果显示，当前一半以上农民有资金理财需求，但受收入水平、认知水平、社保不完善以及产品缺失等条件限制，仅两成多农户有购买金融理财产品的行为，农户资金保值增值主要方式仍是储蓄，投资型理财比例很低。

一、农村居民理财需求逐步增长，但实际理财比例非常低

（一）有理财需求的农户占一半以上，男性、年轻人以及收入分布在两头的农民理财意愿相对较强

调查显示，在收入增长和物价上涨因素下，农村居民资产保值增值理念逐步加强，54.8%的农户表示目前有理财意愿。按性别看，男性比女性理财意愿强；而不同年龄段中，18~30岁年龄段农户因知识层次相对较高而理财意愿最强；不同家庭收入层中，低收入和高收入人群理财意愿较强，低收入阶层表示更希望通过理财获得改善家庭收入的机会。

（二）农户资金保值增值的最主要方式是储蓄，而以投资金融理财产品为主的农户比例很低

被调查农户在选择家庭资金保值增值的最主要方式时，有67.3%的农户选择“储蓄”，选择“投资金融理财产品”的农户仅占5.5%，而选择“投资实业”和“放债收利息”的农户分别占10.0%和1.5%。

（三）仅两成多农户购买了金融理财产品，且以商业银行代理和发行的产品为主

被调查农户家庭中，仅有22.6%（377户）的农户购买了金融理财产品。

在这377户农户中，购买了商业银行代理理财产品的占62.1%，购买了商业银行发行理财产品的占37.7%，购买了股票、证券公司发行或代理理财产品的占7.2%。

（四）涉农金融机构是农户购买理财产品的主要渠道

在购买了金融理财产品的农户中，有44.0%的农户购买的主要渠道在农村信用社，40.9%的农户在农业银行、邮政储蓄等其他商业银行，另外有8.0%的农户直接在保险公司或证券机构购买，6.4%的农户请他人代为购买，利用网络或电话等现代通信方式购买的仅占0.8%。

二、农村市场理财产品供给滞后

（一）涉农金融机构理财产品发行速度加快，但营销客户中纯农户比例较小

金融统计数据显示，2012年，四川省金融机构发行的个人理财产品累计申购额达15731.5亿元，同比增加10157.8亿元，同比增长182.2%。其中，农业银行、邮政储蓄银行和农村商业银行的个人理财产品累计申购额为3026.8亿元，同比增加1717.1亿元，增长131.1%，三家涉农金融机构累计申购额占全部金融机构累计申购额的19.2%；而农村信用社在2013年以前没有发售过个人理财产品，2013年仅2月有6.6万元的申购额。调查中还发现，农业银行、邮政储蓄银行以及农村信用社等涉农金融机构针对纯农户营销产品的很少。据资阳中心支行在平泉镇调查了解，2012年金融机构在该镇营销的客户中，只有约10%的客户为纯农户，其余均为当地乡镇工商户。

（二）销售理财产品的金融机构网点较少

调查显示，农村市场发售理财产品的网点非常有限，56.9%的被调查农户认为目前发售理财产品的金融机构网点较少。据达州中心支行反映，达州市有6家农村信社，调查日仅达县联社1家在发售理财产品；万源市有52个乡镇，目前只有邮政储蓄银行的11个网点在经营理财产品，且都在镇一级，乡一级没有机构代销理财产品，农民购买很不方便。另据广安中心支行反映，该市向县域内提供理财产品的金融机构也仅有4家。

三、农村理财市场发展的制约因素

调查显示，目前农村居民理财行为仍非常有限，除市场供给不足外，农村居民理财需求向理财行为转化还受以下瓶颈制约：

（一）收入瓶颈

家庭收入是理财的基础，随着国家不断加大对“三农”的支持力度，虽然农村居民收入逐年提高，但可供支配的收入并不高。统计数据显示，2012年四川省农村居民人均总储蓄①仅为1634.7元，增长12.5%，分别较城镇居民低3622.3元和12.6个百分点，可以判断农村居民可支配金融资产规模相当有限。调查也显示，收入水平是制约农村理财市场发展的最主要因素，在没有投资金

① 总储蓄=纯收入或可支配收入–消费支出

融理财产品的1288户农户中，认为“家庭没有节余资金”的占38.7%。

（二）信息瓶颈

一是农村地区的交通、通信和信息等基础设施仍相对落后，导致金融理财产品推广受到限制。据成都分行营业管理部调查发现，目前许多银行发售理财产品都通过网银渠道进行，如建设银行蒲江支行、工商银行蒲江支行、成都银行的网银销售理财产品分别占本行理财产品发售总量的20%、65%和79.37%，这部分渠道的产品很难在农村得到推广。调查显示，377位购买了理财产品的农户中，仅有3位是通过网络或电话的方式购买的产品。二是金融机构普遍对农村理财市场不重视，对理财产品宣传不到位。资阳中心支行通过走访发现，被调查农户所在四个乡镇的金融机构，对理财产品的宣传仅限于在LED屏简要介绍。三是部分金融机构宣传偏差所产生的负面影响。部分金融机构对发售的理财产品，特别是对代理的保险理财产品进行宣传时，往往避重就轻，导致许多农户购买理财产品的实际收益与预期收益差距较大，甚至引发纠纷。调查中发现，因金融机构宣传偏差导致很多农户对理财产品不信任。

（三）认知瓶颈

由于农村的金融理财环境和条件较差，以及农民知识层次限制，导致农民对金融知识的认识有局限性，农民对金融投资产品及政策均普遍缺乏了解，影响了农民的理财意识和理财能力。调查显示，在没有投资金融理财产品的1288户农户中，认为“对理财产品和理财方法不了解”的占37.6%。

（四）社保瓶颈

由于社会保障在农村地区欠缺，农村家庭因要应付看病、养老以及意外等开支，不能或不敢将资金用于理财。调查显示，在没有投资金融理财产品的1288户农户中，认为“农村社会保障不健全”的占12.3%。

（五）渠道瓶颈

农村理财市场不仅面临发售理财产品的机构网点较少、发售产品网络渠道不畅等问题，同时还存在理财产品供给方面的限制：一是品种设计欠缺。目前涉农金融机构由于缺乏理财专业人才，因此不少理财产品设计水平较低。二是进入门槛过高。目前，各商业银行的理财产品申购起点基本上不低于5万元，许多银行的理财产品“门槛”在20万元以上。如农村商业银行发售的“增富”天府理财系列产品起点10万元，“至尊”天府理财系列产品起点20万元。而被调查农户中，2012年全年总收入在5万元以下的农户家庭数量占50.3%，10万元以下的家庭数量达到了87.0%，高进入门槛将大多数农户家庭挡在银行理财服务大门之外。

推动信托贷款快速增长的原因

中国人民银行武汉分行调查统计处

信托业作为银行、证券、保险之外的金融业四大支柱之一，近年来，得到了快速发展，信托业务资产总规模快速增长。本文探讨了信托贷款快速增长的原因。

一、相对完善的信托业法律法规体系是信托贷款快速增长的制度原因

现行的信托业法律法规主要包括2001年10月颁布实施的《信托法》，2007年3月修订完善并颁布实施的《信托公司管理办法》、《信托公司资金信托管理暂行办法》，2010年8月颁布实施的《信托公司净资本管理办法》。2010年，我国信托业形成了相对完善的“一法三规”法律法规框架体系，这为信托业的规范经营和持续发展建立了制度基础，结束了我国信托业20多年来徘徊错位的局面，巩固了信托业第五次整顿的成果。“一法三规”的实施使我国信托公司站在了全新的起点上，用立法承认信托制度，用法律调整信托关系、规范当事人的信托行为，保护信托当事人的合法权益，为信托活动、信托业务的规范和发展奠定了法律基础，为促进信托事业的发展起到了积极推动作用。

二、国民经济持续较快增长是信托贷款快速增长的原动力

近几年，我国经济保持了持续快速发展，其中，投资对经济增长的贡献最大，即我国的经济增长方式主要是投资拉动型经济增长方式，投资主要以大中型项目作为支撑，这些大中型项目投资资金需求金额大、期限长，信托贷款作为实体经济发展融资的渠道之一，其融资方式灵活、融资金额大，是很多大中型项目融资的重要选择。2013年一季度，我国GDP总额达到11.9亿元，增速为7.7%，信托贷款与GDP总量的比例达到6.9%，而2012年、2011年和2010年，该比例分别为2.5%、0.4%和1%。

三、金融创新是信托贷款快速增长的基础

近几年来，针对信托业务的金融创新步伐不断加快，这些金融创新主要从信托业务的标的范围、销售对象、资金链等方面进行，特别是银信合作方式的逐步推广，为信托贷款发行拓宽了融资渠道，打通了私募方式与公募方式之间的通道，为信托贷款快速发展奠定了基础。一般地，信托贷款针对特定的资金需求方，签订信托贷款合同，并将信托贷款合同包装成信托公司的信托计划，通过私募方式销售给社会投资者、机构投资者和商业银行，商业银行以信托资产为基础，设计相应的银行理财产品，通过银行的销售渠道，将理财产品销售给其他银行、证券公司、保险公司、其他金融机构、企业和社会投资者，这种以理财产品为基础的信托贷款资金来源和运用渠道，与传统的私募方式发放信托贷款有本质的区别，它一方面延长了信托贷款资金来源链条，使更多的单位和个人能够持有信托计划份额；另一方面也拓宽了信托贷款资金来源渠道，为信托贷款持续大规模的发行提供了便利。以湖北省两家信托公司为例，2012年，金融性公司持有的资金信托总额达到594亿元，2011年和2010年金融性公司持有的资金信托总额分别为318亿元和311亿元，这些信托计划或者由商业银行持有，或者由商业银行包装成理财产品进行销售，其中，与信托贷款对接的银行理财产品占商业银行理财产品总量的比例接近30%。

图　信托贷款资金来源和运用流程图

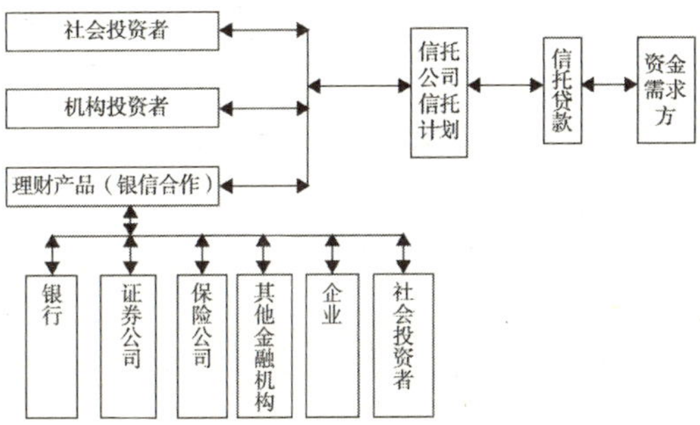

四、规避金融宏观调控政策和金融监管是信托贷款快速增长的重要原因

信托贷款作为信托公司的表外业务，不计入信托公司的各项贷款，但计入社会融资规模统计中。从目前的金融宏观调控政策看，中央银行调控的指标是银行业金融机构表内人民币各项贷款，暂时没有将信托公司的信托贷款纳入中央银行宏观调控范围之内，银行监管部门从资本充足率方面对银行业金融机构进行管理，由于信托贷款资金来源链条比较长，除了机构投资者和社会投资者之外，与信托公司业务来源比较频繁的主要是商业银行，银行基于自身资本充足率管理的限制，往往希望通过银信合作

方式，既降低自身资本消耗，又满足资金需求方的资金需求。

在稳健和紧缩的货币政策下，商业银行人民币贷款受到差别准备金动态调整限制，人民币贷款总量受到控制，商业银行为了腾出贷款额度，往往选择将之前的信贷资产转让给信托公司。当银行资本充足率较低或者监管部门提高资本充足率要求时，银行也会选择与信托公司进行合作，将信贷资产转让给信托公司。通过银信合作，商业银行既规避了金融宏观调控政策，也规避了金融监管政策。

具体的，2009~2011年，为应对国际金融危机，中央银行采取了适度宽松的货币政策，监管部门下发了加强和规范信托业务管理的通知，信托贷款虽然保持了持续增长，但信托贷款占社会融资规模的比例逐步下降。从2012年开始，我国经济逐步表现为缓中趋稳、稳中求进的态势，中央银行货币政策由适度宽松转变为稳健，信托公司信托贷款业务发展模式日渐成熟。在此期间，信托贷款保持了快速增长，信托贷款占社会融资规模的占比由2011年最低的1.6%上升到2013年一季度的13.4%，总量和占比快速增加。

五、信托贷款相对融资优势是信托贷款快速增长的根本原因

信托业务本质上是一种高净值的资产管理行为，相对其他融资方式，信托贷款具有相对融资优势。一是信托贷款灵活便利。信托公司可以充分利用横跨货币市场、资本市场、实业市场领域的制度优势，运用信托贷款让社会中的金融资本与产业资本有效地结合起来，提高了整个社会资本的运用率，同时，信托贷款具有强大的融资能力，它能渗透到国民经济的各个领域，引导社会资金的合理流动，有效地融通财物，增强国家对社会直接金融活动的引导和管理。二是信托贷款服务对象不受行政区域、部门行业的限制，既可以为生产、流通领域服务，也可以为基础建设、分配和消费等领域服务。我国传统的房地产信托产品、政府BT类信托产品，投资领域多集中于房地产、基础设施、工矿企业等。三是信托贷款具有综合业务平台优势。与其他金融业务相比，信托具有“安全性、灵活性及广泛性”的优势，信托公司具备投资运用范围广、财产独立性高等优势。同时，信托公司还利用信托受益权制度优势，通过优先、劣后受益等分层设计，约束外部投资管理人行为，保障受益人利益。四是信托投资只能向高净值客户私募，起点较高，单一客户融资额度大。

执笔：陈宏卫

理财新规对商业银行理财业务的影响

中国人民银行长春中心支行调查统计处

2013年3月27日监管部门发布《关于规范商业银行理财业务投资运作有关问题的通知》（以下简称“理财新规”），对银行部分理财业务严格规范。为了深入了解“理财新规”对商业银行理财业务的影响，中国人民银行长春中心支行在辖内14家商业银行内开展快速调查。本次调查采用问卷调查、电话调查相结合的方式，向辖内商业银行共发放15份问卷，有效收回14份。样本商业银行涵盖大型商业银行、股份制商业银行、城市商业银行、农村商业银行和邮政储蓄银行。

一、理财新规对商业银行理财业务的影响

（一）增量结构布局调整压力较大

2012年末，样本银行的非标准化债权产品余额占全部理财产品的比重为31.6%，占2011年末审计报告披露总资产的2.9%。虽然理财产品存量调整的压力不大，但未来的增量结构布局面临着巨大的挑战，71.4%的银行反映将压缩未来非标准化债权产品发行规模。

（二）整体收益率水平将被动下调

由于未来面临理财业务投资标的在非标准化债权产品与标准化债权产品之间的调整压力，标准化债权产品的低风险属性将拉低理财产品的整体收益率水平。调查显示，“理财新规”发布后，85.7%的样本银行预估其理财产品加权平均收益率将被动下调，其中，50%的银行估计下降幅度将会达到0.5%~1.0%。

（三）中间业务收入面临着削减

商业银行中间业务收入与理财产品发行规模高度正相关，由于“理财新规”对理财业务的进一步规范，未来收益率下降和购买门槛的提高将会打压理财市场需求。调查显示，92.9%的样本银行表示未来理财产品中间业务收入将会出现下滑，其中，35.7%的银行预估将会下降5%~10%，14.3%的银行预计下降幅度超过15%。

（四）资产池运作模式逐渐退出舞台

以滚动发售、集合运作模式操作的

资产池业务有利于商业银行通过期限错配赚取利差，但由于在成本核算、信息披露等方面的先天不足，孕育着系统性风险。2012年下半年监管部门开始清理资产池业务，调查显示，当前商业银行基本放弃“多对多”运作模式。100%的样本银行实现理财产品的单独管理和单独核算，92.9%的银行实现单独建账。随着“理财新规”的实行，“资产池”业务将彻底告别历史舞台。

二、值得关注的问题

（一）多数银行对“理财新规”反应迟缓

接受调查的银行均表示对“理财新规”有一定了解，但85.7%的银行上级部门（总行）并未就此“下发指导性文件”或“作出具体工作安排”，64.3%的银行并未就“理财新规”召开专业部门会议。

（二）银行理财业务管理尚需规范

目前商业银行负责理财业务管理的部门差异较大，涵盖了投资银行部（4家）、理财部（1家）、个人业务部/个金部（3家）、计划财务部（1家）、结算与现金管理部（1家）、公司业务部（1家）、零售业务部（2家）和金融市场部（1家）等，理财业务管理部门不统一增大了内部风险控制和外部监管的难度。“重营销、轻管理”使得从业人员素质参差不齐，71.4%的银行尚未实现理财业务“专人专职”，57.1%的银行未建立理财业务从业人员定期培训制度。

（三）对社会融资规模影响难以确定

“理财新规”明晰了非标准化债权产品的投资范围，其中，非标准化债券产品所涵盖的信托贷款、委托贷款、未贴现银行承兑汇票等项目都已纳入社会融资规模统计体系，由于非标准化债权产品规模的双重上限限制，将会倒逼银行压缩表外业务规模，导致社会融资规模短期相应项目增长放缓。但银行理财产品将可通过提高债券和股票配置比例来抵消前者影响。

执笔：张建平　薄　涛

内蒙古自治区银行理财呈现七大特点

中国人民银行呼和浩特中心支行调查统计处

一、银行理财产品规模增速明显放缓，变化波动较大

截至2013年一季度末，全区银行理财产品存续3243只，同比增长32.1%；本外币理财资金余额722.27亿元，同比增长32.60%，比上年同期回落121.50个百分点，占同期金融机构各项存款余额的4.95%，比上年同期提高0.71个百分点，占全国理财产品资金余额的0.96%，比上年同期下降0.12个百分点；比年初新增116.84亿元，占同期新增各项存款的12.73%。一季度，全区理财产品累计募集资金1336.57亿元，累计兑付资金1243.99亿元，净募集资金92.58亿元。

二、表外理财发展较快，资金占比超七成

理财产品按业务模式分为表内存款类、表内非存款负债类和表外类三种。一季度末，全区表内存款类理财产品存续695只，资金余额189.41亿元，同比增长19.92%，占全部理财资金的26.22%，比上年同期下降2.78个百分点。全区表内非存款负债类理财产品存续76只，资金余额21.48亿元，同比下降62.22%，占全部理财资金的2.97%。全区表外理财产品存续2472只，资金余额511.38亿元，同比增长55.02%，占全部理财资金的70.80%，比上年同期提高10.24个百分点。

三、购买客户以个人为主，企事业占比上升明显

一季度末，全区个人理财资金余额494.05亿元，同比增长9.77%，低于同期个人存款增速11.73个百分点；占全部理财资金的68.40%，比上年同期下降14.23个百分点；比年初增加13.18亿元，同比少增80.41亿元。部分企业受经济增速放缓、盈利能力下滑等因素影响，减少生产性投资，将资金用于购买理财产品来获得固定收益。一季度末，单位理财资

金余额228.22亿元，同比增长141.23%，占全部理财资金的31.60%，比上年同期提高14.23个百分点；比年初增加103.65亿元，同比多增64.78亿元。

四、产品流动性强，3个月以内短期理财产品市场份额近八成

从产品期限来看，新发行的理财产品期限绝大部分在一年以内，尤其是以1个月（含）以内和1~3个月（含）短期产品为主。一季度，全区新发行1个月（含）以内的理财产品累计募集资金86.83亿元，占新发行理财产品募集资金的11.20%；1~3个月（含）理财产品累计募集资金504.86亿元，占新发行理财产品募集资金的65.10%；期限为3~6个月（含）、6~12个月（含）和1年以上理财产品累计募集金额为50.62亿元、28.43亿元和104.79亿元，占比分别为6.53%、3.67%和13.50%。

五、封闭式产品占优势，开放非净值型产品单只规模较大

目前，在全区发行的理财产品主要以封闭式和开放非净值型理财产品为主。一季度末，封闭式理财产品存续2972只，资金余额608.64亿元，占全部理财资金余额的84.27%，单只产品平均余额0.20亿元。开放非净值型产品存续223只，资金余额106.67亿元，占全部理财资金余额的14.77%，单只产品平均余额0.48亿元，是封闭式产品的2.39倍。

六、理财产品预期收益率保持相对平稳，收益率普遍远高于同期银行存款利率

一季度，全区新发行的理财产品平均预期收益率为4.13%，比上年同期下降0.32个百分点。分期限看，期限在1个月以内的理财产品平均预期收益率最低，为3.07%；1~3个月的理财产品收益率为4.22%；3~6个月和6个月以上的分别为4.55%和4.37%。

七、发行主体高度集中，四大国有商业银行占据主导地位

从市场占有率来看，一季度，全区四家大型商业银行新发行理财产品募集资金合计占金融机构新发行总量的61.12%。其中，工商银行市场份额最高，占20.95%；其次是建设银行，占18.63%；农业银行和中国银行分别占15.52%和6.02%。

执笔：李英俊　陈新行

监管新规下徐州市银行业理财业务调查

中国人民银行徐州市中心支行调查统计科

2013年3月27日，银监会颁布了《关于规范商业银行理财业务投资运作有关问题的通知》（以下简称新规），我们为了解新规对徐州市银行业金融机构代客理财业务发展影响情况，对开办代客理财业务的银行开展了专题调查。

一、基本情况

（一）理财产品发行少，以代销总分行为主

目前，徐州市代客理财业务运作模式分为两类：一类是以地方法人金融机构为代表，自主发行代客理财产品。地方法人金融机构代客理财业务管理人才匮乏，一旦发行理财产品，风险管理将达不到银监局要求。受此制约，徐州市13家地方法人金融机构中仅淮海农村商业银行和邳州农村商业银行被银监局批准发行理财产品，其余11家地方法人机构暂未涉及该业务。另一类是以非法人金融机构为代表，该类金融机构全部以承销总分行理财产品为主。

（二）代客理财业务发展迅猛

在居民保值增值理财需求与商业银行业务转型的双重推动下，商业银行理财业务得到快速发展。截至2013年4月末，全市地方法人机构发行理财产品58期，同比增长81%，募集资金16.71亿元，是同期5.1倍。其中，淮海农村商业银行2013年发行理财产品51期，募集资金13.31亿元，全部用于投资邮政储蓄银行同业拆借业务；邳州农村商业银行发行理财产品7期，募集资金3.4亿元，部分资金用于债券以及其他金融机构开发的理财产品。非法人金融机构代销总分行理财产品募集资金147.71亿元，同比多增65亿元，同比增长78.59%。

二、新规对银行业金融机构影响

（一）理财产品风险得到有效控制

新规要求将银行代理其他机构发行的理财产品投资于非标准化债券资产或股权型资产的审批权限由分行一级上收到总行，从理财产品的设计发行阶段降

低了分行一级金融机构信息掌握不全面形成的系统性风险。同时，新规要求：商业银行应该实现每个理财产品与所投资资产的对应，做到每个产品单独管理、建账和核算，有效防止资金池内理财产品收益之间相互侵蚀。

（二）信贷资产腾挪得到进一步遏制

新规要求商业银行合理控制理财资金投资非标准化债券资产的总额，理财资金投资非标准化债券资产的余额在任何时点均以理财产品余额的35%与商业银行上一年度设计报告披露总资产的4%之间孰低者为上限。商业银行通过其他金融机构的通道变相扩大信贷投放的做法遇到红线限制，利用理财业务为信贷资产腾挪空间的冲动得到有效遏制。特别是新规要求将投向非标准化债券资产视做自营贷款管理，并按照要求进行风险计量和资本计提，有效限制商业银行利用非标准化债券资产投资进行的监管规避活动。

（三）中间业务收入有所下滑，利润空间变窄

高收益理财产品总量受限，理财收益有所下滑。近年来，理财产品收入作为商业银行中间业务新增长点。新规出台后，投资于“非标准化债权资产”的高收益理财产品总量受到严格限制。调查显示，非法人金融机构由于总行资产规模和代客理财余额基数较大，此限制对其影响有限。地方法人金融机构由于资产规模有限，续存期理财产品余额偏小，受限制最为突出。以邳州农村商业银行为例，2013年3月末，该行续存期内理财产品余额0.35亿元，其中投资于股份制银行非标准化债权资产的各类票据0.25亿元，投资于非标准化债权资产余额占该单位该时点理财产品余额71.42%，占2012年末其资产总规模的0.18%。按照新规要求，取其代客理财余额的35%是其投资“非标准化债权资产”的红线，邳州农村商业银行投资于股份制商业银行非标准化债权资产余额不能超0.12亿元，高收益理财产品仅50%符合监管要求，剔除该部分理财产品收益，符合要求的理财产品收益至少下滑50%。

（四）代客理财“资金池”优势被限制，理财产品收益率明显下降

“资金池”运作模式被商业银行广泛运用于待客理财业务中，形成“资金池”与“资产池”对应的模式，即多个理财产品对应多笔资产，理财产品以多元化投资的集合性资产包作为统一资金运用，通过滚动发售不同期限的理财产品持续募集资金。新规要求商业银行理财产品与投资资产“一一对应”，“资金池”运作模式优势被限制。商业银行将难以通过“资金池”实现资金期限错配，投资于期限在一年以上项目理财产品的投资期被直接延长，理财产品资金利用率大打折扣，加大了投资运作成本，直接拉低了代客理财产品收益率。

执笔：曹　鹏　蒋韫颖

房地产持续调控背景下重庆企业民间融资行为新特点

中国人民银行重庆营业管理部调查统计处

为及时准确掌握经济弱复苏与房地产持续调控背景下，重庆企业民间融资行为的新动向、新特点，中国人民银行重庆营业管理部对辖区内 105 家企业①在 2013 年一季度的民间融资情况进行了调查。调查显示，受经济运行呈弱复苏状态，以及正规金融对小微企业服务有所改善等因素影响，民间融资总体活跃度进一步降低，但不同行业间差异化特征显著。房地产、建筑业企业民间融资需求陡升，带动样本企业民间融资规模上升，且使得企业民间融资平均年利率回升至 20.97%。房地产、建筑业企业民间借贷增多引致的相关风险值得关注。

一、民间融资总体活跃度进一步降低，不同行业间差异化特征显著

在市场资金面较为宽松，企业资金需求不旺，且更多向正规金融分流等因素的共同作用下，一季度民间融资市场活跃程度进一步下降。调查显示，一季度企业民间融资行为发生率为 21.9%，为近 6 个季度以来的最低点。

分行业看，房地产、建筑业企业民间融资活动仍然活跃。调查显示，正规金融投放较多的工业、服务业企业（不含房地产企业）民间融资发生率分别为 14.63%和 18.52%，活跃度相对较低。与此形成鲜明对比的是，信贷政策受限的房地产、建筑业企业民间融资发生率达 25%，活跃度较高。

二、房地产、建筑业企业带动样本企业民间融资规模上升

调查显示，3 月末样本企业民间融资余额 9070 万元，较年初增长 65.09%，而同期全市银行企业贷款余额增速仅为

① 105 家样本企业中，工业企业占比为 39.1%，非工业企业占比为 60.9%，涵盖制造业、房地产业、建筑业、商贸流通企业、农林牧渔业、非金融类服务业等行业；小型和微型企业占比为 75.2%；民营企业占比为 85.7%。

6.07%。

分行业看，受开发进度加快，以及公积金贷款积压致销售回款放慢等影响，房地产、建筑业企业融资需求上升。3月开展的房地产专项调研显示，随着房地产调控的持续和深入，银行对房企的选择性和审慎性进一步加强。大多数银行对房企执行名单制管理，未进入名单的企业授信将受到限制，然而不少银行对房企进入名单的基本要求为全国百强或重庆五十强。因此，中小微房企从正规金融获取资金支持的难度陡然增加。上述因素的叠加影响使得中小微型房地产企业资金压力陡升，而被倒逼入民间融资市场获取资金。调查显示，一季度占样本22.86%的房地产、建筑业企业民间融资余额为5245万元（占所有样本民间融资余额的57.83%），较年初增长111.49%。而占样本77.14%的其他行业企业民间融资余额为3825万元（占所有样本民间融资余额的42.17%），较年初增长26.91%。民间融资的行业间不均衡性，正是造成一季度民间融资活跃度走低，但融资余额环比上升的重要原因。

三、房企借款利率高企，带动企业民间融资平均年利率回升至20.97%

调查显示，一季度样本企业民间融资平均年利率20.97%，环比上升1.39个百分点。分行业看，不同行业借款利率出现分化。调查显示，房地产、建筑业企业借款平均年化利率为24.45%，是一年期贷款基准利率的3.73倍，而其余企业借款年化利率仅为14.23%。调查中房地产、建筑业企业借款量大，利率高是推动企业民间借贷总体利率回升的重要原因。

四、民间借贷资金用途向“流动资金”和“过桥资金”集中

调查显示，样本企业一季度用于“流动资金”的民间借贷资金占比为60.32%，继续保持高位。与此同时，“过桥资金”占比大幅提高，达到33.14%。从实地调研了解到，由于经济回暖仍然较弱，企业投资意愿不强的现状仍未改变，一季度企业民间借贷资金用于“固定资产或创办新机构”的占比仅为1.9%，继续保持低位。

民间融资仍以1年以内的短期借贷为主。分期限看，35.21%的借贷为1个月以内的超短期借贷，较上年同期和年初大幅提高，这些借贷中92%的用途为“过桥资金”。50.32%的借贷期限为6~12个月，这些借贷中94.98%的用途为“流动资金”。

执笔：王　睿

河南省民间融资特点

中国人民银行郑州中心支行调查统计处

人民银行郑州中心支行调查统计处组织对河南省200户企业和65家融资中介机构进行了2013年一季度民间融资专项监测，当前河南省民间融资呈下以特点:

一、民间融资环境趋稳，企业资金状况向好

1. 近期民间融资活动增多。企业融资状况问卷调查显示，一季度民间借贷市场融资需求景气指数为59.2%，较上季度下降3.8个百分点，但仍高于平衡点9.2个百分点，融资需求仍较为强烈。民间借贷市场资金供应景气指数逐季度上升，一季度升至45.4%，较上季度提高2.3个百分点，但仍低于平衡点4.6个百分点。融资需求满足程度有所提高，一季度其景气指数为50%，较上季度上升3.8个百分点，正处于景气平衡点。

2. 民间融资规模有所增长。初步推算结果显示，2013年3月末，河南省企业民间融资余额为1043.7亿元，较上年末增长6.1%。

3. 融资中介机构借贷市场活跃度高位回落。融资中介机构问卷调查显示，民间借贷市场景气指数2013年一季度为50.8%，较上季度降低4.6个百分点。融资中介机构认为影响当前民间借贷市场活跃度的前三位因素分别是银行信贷松紧状况、资金需求变动和宏观经济形势，资金需求变动、银行信贷松紧状况因素的影响力分别上升9.2个和1.5个百分点，宏观经济形势影响力降低了6.2个百分点。

二、小型微型企业、民营企业、非工业企业对民间借贷资金的依赖程度较高，大中型企业、国有企业民间借贷积极性较低

1. 从民间借入资金量来看，不同类型的企业差别较大，小型、微型企业对民间资金的依赖程度较高，一季度末其民间借入资金占比分别为5.8%和11.3%，远高于大型、中型企业。工业企业民间

表 一季度末大中小微型企业借入资金余额比重结构

（单位：%）

	全部企业	大型企业	中型企业	小型企业	微型企业
向银行等金融机构贷款	98.6	98.8	99.6	91.2	89.7
通过股票、债券等正规金融市场融资	1.2	1.2	0.0	1.8	0.0
通过民间融资渠道借入	0.2	0.0	0.1	5.8	10.3
其他	0.1	0.0	0.4	1.2	0.0
合计	100	100	100	100	100

数据来源：河南省企业民间融资专项监测。

借入资金占比仅为0.02%，非工业企业民间借入资金占比为0.2%。

2. 分规模看，小型、微型企业民间借入资金活动较为频繁。调查显示，一季度大型企业没有发生民间借入资金活动，中型、小型、微型企业发生民间借入资金活动的企业占比分别为11.1%、23.8%和23.1%，中型、小型企业民间借入资金活动均有所增加，占比较上季度分别提高4.2个和4.5个百分点，微型企业民间借入资金活动大幅减少，占比较上季度大幅下降7.7个百分点。

3. 分行业看，非工业企业的民间借入资金活动要比工业企业活跃，且非工业企业间差别较大。在发生的全部民间融资活动中，一季度工业企业民间借入资金占比为22%，较上季度下降1.5个百分点；非工业企业民间借入资金占比为78%，较上季度上升1.5个百分点，其中，房地产业、批发和零售业、农林牧渔业、建筑业借入资金量较大，其资金量占比分别为32.2%、23.1%、7.9%和6.1%。

三、企业民间融资成本大幅降低，不同期限、用途、来源的借贷利率差异较大

受季节性因素影响，民间融资成本大幅下降。一季度，企业融资成本景气指数较上季度、上年同期分别下降5.5个和9个百分点，降至50.3%；加权平均月利率为13.5‰，较上季度大幅下降5个千分点。融资成本大幅下降的主要原因有两个方面：一是春节前后，企业超短期资金需求较为旺盛，为募集资金不惜支付高利率借贷；二是当前企业资金相对宽松，还款压力大幅减弱，同时企业盈利能力不高，无力承担较高的财务费用，不愿以较高利率借贷。

四、不同期限的民间借入资金量变化较大，期限以1年左右为主，多用于流动资金

1. 民间借贷资金期限大幅延长。一

季度，期限为6~12个月及以内的民间借入资金总量最大，其金额占比达到48.4%，较上季度大幅提高18.9个百分点；其次为12个月以上的民间借入资金总量，其占比为17.2%，较上季度大幅增加8.2个百分点；最后为1~6个月（含6个月）的民间借入资金总量，其占比为16.5%，较上季度降低2.9个百分点；第四为1个月及以内的民间借入资金总量，其占比为10.2%，较上季度大幅下降31.9个百分点。与上季度相比，不同期限的企业民间借入资金量占比情况发生较大变化，其主要原因在于春节期间短期资金需求较大，而节后资金回流，需求期限延长。

2. 过桥资金借款大幅下降，流动资金和房地产投资用途借款增加。一季度，企业民间借入资金前两位用途分别是流动资金周转和房地产投资，其占民间借入资金量的比重分别为65%和28%，较上季度分别大幅提高7.7个和22.8个百分点；用于过桥资金的占比大幅下跌29.9个百分点，降至5.8%；用于设备厂房等固定资产投资或创办新机构的资金占比为1.2%，较上季度小幅下滑0.6个百分点。从融资中介机构对民间借贷市场融资需求用途的判断来看，流动资金、过桥资金需求强度下降，其景气指数分别为63.1%和50.8%，分别较上季度下降3.8个和7.7个百分点。

五、民间借入资金来源以其他个人、股东或内部职工、其他企业为主，多为“借据”协议形式借贷

1. 来源于其他个人、股东或内部职工、其他企业的借贷资金快速增加。一季度，民间借入资金前三位来源对象分别为其他个人（不含股东或内部职工）、股东或内部职工、其他企业（不含民间融资机构），其占比分别为42.6%、34%和14.9%，合计占比达到了9成以上；来源于民间融资中介机构（投资公司、担保公司、典当行等正规机构）和其他民间融资中介机构（合会、台会、标会、地下钱庄等组织）的占比较低，分别为8.4%和0.05%。与上季度相比，一季度民间借入资金来源结构整体变化较大。其中，来自其他个人（不含股东或内部职工）、股东或内部职工、其他企业（不含民间融资机构）的占比较上季度分别增加10.3个、18.6个和8.1个百分点；来自民间融资中介机构（投资公司、担保公司、典当行等正规机构）的民间借入资金比例较上季度大幅下降36.9个百分点；来自其他民间融资中介机构（合会、台会、标会、地下钱庄等组织）的民间借入资金比例与上季度持平。

2. 民间融资的协议形式主要为借据，但占比有所下降。调查显示，一季度民间融资协议形式为“正式合同”、“借据”、“其他”的占比分别为25%、66.7%、8.3%，没有“口头约定”的民间融资协议形式。其中，“正式合同”和

"其他"形式的占比分别较上季度上升13.2个和2.5个百分点，"借据"和"口头约定"形式的占比分别较上季度下降9.8个和5.9个百分点。从民间融资的担保形式来看，主要为信用，一季度民间融资担保形式为"无担保，仅凭信用"、"第三方保证"、"其他"、"财产担保"的占比分别为58.3%、16.7%、16.7%和8.3%。其中，"第三方保证"形式占比较上季度大幅下降12.7个百分点；"无担保，仅凭信用"、"财产担保"形式占比均较上季度降低0.5个百分点，"其他"形式占比较上季度大幅提高13.7个百分点，反映出民间借贷市场日趋规范化，避免日后纠纷发生。

六、民间借入资金高利贷现象大幅回落，主要发生在非工业企业、小型企业和民营企业，用以满足流动资金和过桥资金等短期资金需求

1. 高利贷借贷笔数、金额、利率大幅下降。2013年一季度，在所调查的79笔民间借入资金中①，存在高利贷（民间借贷利率超过同期基准贷款利率的4倍）情况的有18笔，占比为22.8%，较上季度大幅降低21.5个百分点；从金额来看，高利贷借入资金量为1085万元，占借入资金总量的10.5%，较上季度大幅降低50.3个百分点；高利贷加权平均月利率为25.2‰，较上季度下降5.8个千分点。近期，高利贷现象大幅回落的原因是春节期间短期资金需求强烈，部分企业为解决短期资金问题，以较高利率在民间借贷市场融资，而目前这种需求大大减弱。

2. 高利贷主要发生在非工业企业、小型企业和民营企业，用以满足流动资金和过桥资金等短期资金需求。从行业来看，高利贷主要发生在非工业行业企业，其笔数、金额占比分别为88.9%和90.8%；从企业规模来看，高利贷主要发生在小型企业，其笔数、金额占比分别为77.8%和89.4%；从所有制类型看，高利贷全部发生在民营企业；从期限来看，全部高利贷资金为1年以内（包括1年）的短期借款；从借入渠道来看，高利贷资金来自于民间融资中介机构和其他个人（不含股东或内部职工）的占比分别为68.2%和25.8%，二者合计占比为94%；从资金用途来看，高利贷资金用于流动资金、过桥资金、固定资产投资或创办新机构占比分别为75.1%、18.4%和6.5%。从偿还情况看，85.7%的高利贷资金按期偿还，13.8%的高利贷资金尚未到期，0.5%的高利贷资金不能按期偿还。

执笔：赵庆光　李金良

① 由于第5笔以后的民间借入资金没有列出，本文把它们归入了第5笔。

民间借贷行为趋于理性化

中国人民银行太原中心支行调查统计处

为准确掌握山西省民间融资现状、特点、问题及走势，人民银行太原中心支行在全省范围内继续发放300家企业问卷以及66家民间借贷中介机构[①]问卷，就一季度山西省企业民间融资情况开展了调查。当前，山西省民间融资呈现如下特点。

一、山西省企业民间融资总体特点

（一）企业民间融资总体、个体规模双降，九成以上企业融资规模在10万~400万元，大额借贷资金减少

据测算，截至2013年一季度，山西省企业民间融资余额为150.2亿元，比上季度和同期均下降30亿元。其中，一季度民间融资发生额为104.99亿元，比上季度下降41.65亿元，比同期下降85.75亿元。民间融资借入资金发生额占同期企业贷款发生额的比重为1.61%，比上季度下降0.5个百分点，比同期上升0.1个百分点。

从单笔规模看，由于民间融资的对象多数为国有银行—商业银行—村镇银行过滤后的企业，它们的特点是财务不健全、不真实，无实质性抵押物，因此融资额度一般不大，90%的民间借贷规模均在10万~400万元。监测的企业中，借贷规模上千万的企业只有4户，低于上季度9户的数量。

（二）餐饮及服务行业民间融资参与度明显下降

民间融资主要流向房地产开发企业和融资难度较大的小微企业。问卷调查显示，参与调查的九大行业中，工业、农林牧副渔、建筑业、房地产业民间融资金额较上年同期上升。住宿餐饮业、租赁和商务服务业及其他金融服务业民间融资资金需求相应减少。

（三）企业民间融资活动“求稳”特征明显，资金定价稳中趋降

问卷调查数据显示，一季度，企业

① 选取66家中介机构作为调查样本，其中小贷公司20家、典当行20家、担保公司20家、投资公司6家；从注册类型看，国有及国有控股企业14家、集体企业1家、股份制企业10家、私营企业35家、有限责任制企业1家。

图 分行业民间融资发生额占比

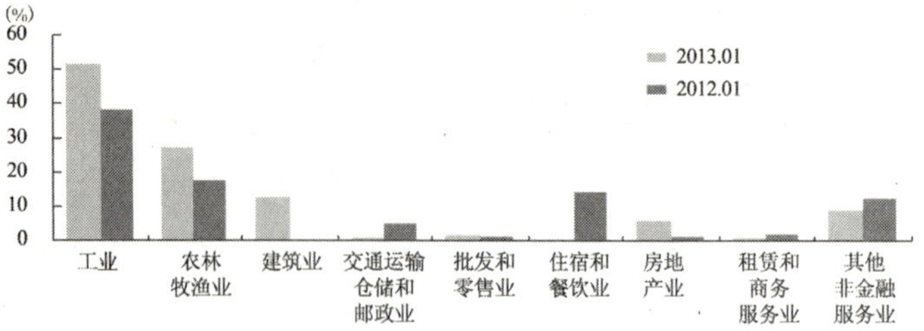

从民间融入资金的加权平均月利率为10.88‰，折合年利率13.05%，比上季度下降2.54个百分点，比同期下降1.64个百分点。就其原因，一是2012年6月、7月中央银行连续两次降息，影响民间融资利率走低；二是自2012年以来，中央银行、银监会等部门先后出台多项支持小微企业的措施，信贷市场尤其是小微企业信贷市场的议价空间加大；三是融资渠道的拓宽将倒逼民间融资市场利率水平调整下行；四是受山西煤改、货币政策加速转向等因素的影响，拥有高回报率的煤炭、焦炭行业已经难以维持。受此传导，民间借贷的非理性选择大幅减少，高价格资金的需求量明显萎缩，拉动市场整体利率水平下行。

（四）民间融资的模式呈现多样化，民间借贷试水“私募化”

问卷调查显示，当前民间融资模式呈现多样化。一是企业股东或内部职工，占比为27.45%，比上季度上升10.09个百分点。这种融资主要以“股金”形式出现，一般约定年末可退股且分红，主要存在于规模较小的焦厂、水泥厂、铁厂，入股规模占资产规模比重较小。二是其他个人，占比为41.18%，比上季度下降6.65个百分点，该方式特点是直接融资、信用融资，利率水平较高。以关系、信誉为基础，或者是以集资建房形式出现。三是其他企业，占比为21.57%，比上季度上升1.56个百分点。如以实物融资，某资金紧张的焦厂，对煤炭企业供煤采取赊购的方法，并支付一定利息。或者是企业间买卖承兑汇票，部分企业借助操作简便，资金迅捷的优势，收购银行承兑汇票来赚取利差。四是民间融资中介机构，占比为8.82%，比上季度下降5.96个百分点，也叫间接融资。这种融资方式有其固定的运作规则，整个融资模式类似于银行信贷的信息咨询公司等新型的民间借贷组织，中介借贷数额较大，一般在100万元以上或是几百万元，融资主体多样化，多为洗煤、建材、房地产等行业。

当前，从单纯的委托放贷、出借民间资金到聚合成私募基金，形成资本运作，这是民间借贷市场的一种升级。这种方式是对零散的借贷双方业务转向更为专业化的私募领域。目前，山西省已经开始积极探索民间资本进入实体经济的途径，设立“产业基金”，并委托下设机构、基金管理公司、投资公司等合作单位共同发起设立“产业基金”。如监测的××企业，2013 年募得资金 3500 万元，期限为 1 年，该笔民间融资借款为撮合资金，是通过银行平台向少数大客户私募的资金。

（五）企业民间融资风险意识增强，但无信用担保局面持续，民间融资偿还率略有下降

问卷调查显示，当前企业民间融资风险意识增强，本季度参与民间融资的 47 户企业中，有 91.49%的企业选择了“正式合同”和“借据”。但企业在融资过程中，大部分仍是“无担保”。参与调查的企业中，选择“无担保，仅凭信用”的比例为 68.09%，比上季度和同期分别增加 9.26 个和 13.74 个百分点，而选择“财产担保”和“第三方保证”的比例则均有所下降。在经济持续低迷的背景下，受伤最深的不是房产和实体企业，而是长期积累的社会信用体系。从本季度民间融资偿还情况看，扣除 38.3%的尚未到期等其他因素，有 75.86%的企业表示能够全部或大部分按期偿还，该比例比同期下降了 8.51 个百分点。

（六）企业民间融资后续资金选择参股或兼营形式

当前经济形势复苏影响下，企业民间融资后续资金选取兼并、参股合营较为突出。一是兼并形式。例如，平顺县大红袍开发有限公司，在 2005 年以内部职工个人名义在农业银行贷款 50 万元用于公司流动资金的周转，公司以资金往来的名义为职工实行挂账。2012 年经过洽谈，与壶关紫团集团公司进行了兼并经营，公司的厂房大楼得到快速的建设，公司资金长期紧张的状况得到很好的缓解。二是参股合营。如平顺县太行水乡双喜绿色产开发有限责任公司。企业在 2011 年通过了各种民间融资方式进行资金的筹措（在典当行借款 50 万元，职工内部集资 20 万元，给私人拆借高利贷 20 万元），高额的融资成本成为企业发展的硬伤。2012 年，企业吸收了某企业的参股资金，解决其后续资金。

二、民间融资中介机构特点

（一）民间中介机构贷款快速增长，民间融资阳光化趋势明显

民间借贷市场放贷人主要流向不同行业，一是开设小额贷款公司，资金持有者从私下放贷走向台前，参照银行抵押、担保的风控方式运营；二是设立投资咨询公司、担保公司，以公司的形式经营资金借贷业务，游走在法律边缘地带；三是创建融资理财管理公司、理财投资信息咨询公司等民间借贷中介公司，采用中介担保的方式运作，并呈现连锁经营和“私募化”态势。在山西，受煤焦行业整合影响，不少有经济实力和闲钱的煤老板转而开设小额贷款公司，煤老板成为小额贷款公司股东的主力，占据六七成，小贷公司老总一边经营实业，一边放贷，同时，部分小贷公司之间形成了一种潜在的“会员制”，当实体经济需求流动资金时，可以互相借贷。据调查的 66 家民间融资中介机构数据显示，监测的 20 家小额贷款公司贷款余额为 4.99 亿元，比上季度增加 1.19 亿元，环比增长31.31%，比上年同期增加1.62亿元，同比增长48.07%。

（二）民间中介机构资金较为充裕，借贷市场需求满足度上升

监测企业数据显示，当前民间中介机构资金较为充裕。本季度，66家中介机构中，20家典当行典当总额为14242万元，占全部资本规模比例为63.3%；20家小额贷款公司当季新增贷款49957万元，占资本规模的比例为27.6%，表明当前民间中介机构资金相对较为充裕。此外，还有部分中介机构通过股东资金扩股，扩大资金来源。如监测的长治灵通典当行有限公司本季度通过股东增资，资本规模已由500万元增加到1000万元。

问卷调查数据也反映出中介机构资金较为充裕。一季度，判断民间借贷市场资金供应“较为充裕”的机构占比为28.8%，比上季度和同期分别增加10.6个和3.43个百分点；而判断资金“基本不变”和“较为紧张”的占比均有所下降。受此影响，一季度民间借贷市场需求满足情况较好的占比为27.3%，比上季度和同期分别增加4.6个和2.0个百分点。

（三）中介机构融资贷款利率上升，机构判断利率走势未来将趋于平稳

数据显示，当前典当企业虽然最低息费率有所下降（主要是由于该笔资金属于熟人的内部贷款，故息费率较低），但其总体加权平均利率为32.49%，比上季度和同期分别上升了5.52个和5.77个百分点。小额贷款公司加权平均年利率为15.04%，比上季度和同期分别上升2.35个和2.91个百分点。

从中介机构对市场利率走势的判断看，认为二季度民间借贷市场利率“基本不变”的机构占比为80.3%，呈宽幅上升，该比例比上季度和同期分别上升13.6个和17.62个百分点。说明中介机构判断二季度民间借贷市场利率走势将会较为稳定。

（四）房地产行业民间资金需求上升，中介机构资金主要投向该行业

据走访发现，山西省民间融资资金主要集中于房地产及焦炭等行业，如辖内监测的××小贷公司，2012年累计发放贷款11340万元，其中投向房地产行业3520万元，占其资金规模的31%；累计投向焦炭等相关行业贷款3010万元，占比为26.5%；累计投向其他微小企业、个体工商和零星散户的贷款2900万元，占比为25.6%；累计投向“三农”的贷款1910万元，占比为16.8%。

从问卷数据看，房地产行业资金需求明显增多。其中，判断房地产行业“资金需求增多”的机构占比为13.6%，比上季度和同期分别增加6个和1.7个百分点。

课题组组长：赵志华
课题组成员：张育春　郝冬莉
　　　　　　范　莹

开封市民间融资发展状况及新特点

中国人民银行开封市中心支行调查统计科

为了解当前民间融资的新情况，人民银行开封市中心支行对开封市的民间融资情况进行了调查。调查显示，当前民间借贷呈现以下特点。

一、民间借贷活跃度持续上升、融资需求总体增多

自2013年以来，由于通胀压力持续显现，国家实行了总体稳健适度从紧的货币政策，受此影响，信贷政策总体趋紧，银行信贷规模有所收缩。但民间借贷及时补充到融资体系中，活跃度持续上升。自2012年以来，民间融资持证中介机构数不断增加，业务发生额持续上升。

而被调查的8家企业中，只有1家企业认为总体资金状况较宽松，有3家企业资金状况偏紧，4家企业资金状况一般化，同时有4家企业认为未来企业资金状况将趋紧。同时，据被调查小额贷款公司反映，一季度，市辖多家国有大型商业银行向其上级行申请信贷规模被拒，多家企业贷款审批暂停。企业转而从民间借贷市场中获取资金，尤其是民间资金取得较快，手续简便，对解决企业生产经营的燃眉之急起到了不可替代的作用，得到了小微企业的一致青睐。其中，被调查的1家房地产企业通过民间融资渠道获得的资金即达到2842万元，月利率为15‰，全部为2013年二季度借入，主要用于房地产相关投资。

二、民间借贷市场利率上升，违约风险有所增加

从被调查的8家企业看，有新增民间融资的4家企业基本用于流动资金需求，且主要以借据的形式借入、无担保仅凭信用，这种民间借贷主要发生在企业之间或关系密切的朋友之间，一般建立在双方互相信任的基础上，往往只需要一张白纸，在上面只需载明双方姓名、借贷日期、金额、利率、期限、签名和手印等内容即可，没有复杂的担保约束。另外，不断抬高的借贷利率导致企业的

还款压力逐渐加大，一旦企业资金链出现问题，直接导致企业无法按时还款，增加民间借贷违约风险。从被调查的3家中介机构看，3家全部认为本季度比上季度民间借贷市场利率趋于上升，有两家认为民间借贷市场违约风险趋于上升，1家认为基本不变。

三、总体仍处于正规金融的补充地位，起银行融资体系外的拾遗补阙作用

民间融资利率高，风险大，仍然是企业和个人不得已的选择，在调查中发现，企业首选到银行申请贷款，如果银行审批时间超过它们资金需求的黄金期它们会先到融资中介机构以最快的速度申请到资金，等银行贷款到位后再归还中介机构；或者在银行申请的资金不能满足企业全部的资金需求，才会想办法到民间补足资金缺口；还有些是不符合银行信贷支持的企业，特别是一些个体工商户，资金需求额度低、急，但无抵押担保，在银行很难申请到贷款，为业务发展，它们大多转向民间借贷。

四、典当行业务发展缓慢

典当行作为一类民间融资的中介机构，在民间融资市场中发展缓慢。被调查的典当行注册资本为500万元，规模虽小，却能满足其日常业务需要，通常还有资金闲置。一是其业务范围较小，目前可以在该典当行抵押的品种只有三类，汽车、黄金和房产。二是典当额度低，每种典当品种可典当的金额比例只达到评估金额的50%。三是利率高，在典当行融资，利率都比较高，通过典当行填报相关数据，典当行最低月利率14‰，最高可达40‰，平均利息率27‰。四是知名度不高，拓展业务的主动性不强，不重视对业务的宣传。五是准入门槛高，政府批准成立的名额少。目前开封市成立典当行的注册资金已由最初的500万元提高到3000万元，且每年只有1个设立名额，较高的门槛和严格的名额限制，制约了典当市场的发展，现有的典当行也因竞争较少而缺乏谋求发展的动力和意识。

五、小额贷款公司准入门槛逐步提高

为了缓解中小微企业融资难的问题，促进“三农”经济发展，引导民间资本阳光化健康发展，人民银行郑州中心支行联合有关厅局下发的文件《关于印发〈河南省小额贷款公司试点管理暂行办法〉的通知》要求，鼓励小额贷款公司的发展，但在这次引导民间融资市场健康发展行动中，明显比小贷行业发展初期要谨慎规范，对小额公司贷款的成立从发起人到注册资本等各方面都有很严格的要求，开封市目前设立1家小额贷款公司注册资本即要求达到1亿元。要求虽然很严，但对于大部分的担保公司来说，为了能合法开展贷款业务，仍然是最好的选择。

执笔：张婧洁　卢　铮

关于辽宁省金融机构中长期贷款增长情况的调查报告

中国人民银行沈阳分行调查统计处

自2009年以来，辽宁省金融机构中长期贷款增幅经历了高速提升、逐渐回落、常态运行的发展阶段，有效支持了不同时期地方经济发展资金需求。但进入2013年，中长期贷款增长呈现放缓态势。据调查，企业为降低财务成本，采取增加短期贷款及直接融资等方式对中长期贷款产生替代效应较大；全球经济及国内经济复苏存在不确定性降低中长期贷款信贷需求；2008年以来大量投放的融资平台贷款进入还款期导致固定资产贷款下降较快；当前银行信贷结构调整措施也对中长期贷款增长有抑制效应，这些因素是影响中长期贷款增长放缓的主要原因。未来影响中长期贷款走势的因素主要有房地产调控、宏观经济及金融脱媒等。

一、目前中长期贷款运行的基本情况

2013年4月末，辽宁省金融机构本外币中长期贷款余额15986亿元，同比增长11.6%，比贷款总量增幅低3.8个百分点，增幅较2010年末回落23个百分点。从结构看，中长期贷款是导致各项贷款增速放缓的最主要因素，其中占中长期贷款余额最大的固定资产贷款回落趋势明显。

从余额占比最大的6个行业中长期贷款情况看，除房地产业贷款增长加快外，其他5个行业的贷款增长均呈回落态势；其中属于基础设施贷款类的电气水的生产和供应业，交通运输仓储、邮政业及水利环境和公共设施管理业三个行业的增速回落最明显；2012年末以来房地产市场暂时回暖带动以住房贷款为主的个人贷款增速回升，制造业贷款增长动力仍显不足。

二、中长期贷款增速放缓的原因分析

（一）当前银行和企业都倾向于增加短期贷款

当前中长期贷款呈增速趋缓、占比下降趋势，而短期贷款增速持续高位运行。2013 年 4 月末短期贷款余额占全部贷款余额的 37.8%，较 2010 年末提高 5.7 个百分点，而 2013 年 4 月末中长期贷款余额占全部贷款余额的 57.9%，较 2010 年末下降 2.3 个百分点。资金供需双方意愿不高导致中长期贷款投放动力不足。从企业角度看，银行机构的中短期贷款多是固定利率定价方式，而长期贷款为规避利率风险则尽可能采用按年浮动的定价方式，由于利率处于下行周期，企业为降低资金成本，多采用短期流动资金贷款的形式获取生产和建设所需资金。从银行角度看，在经济低位运行背景下，受风险控制、存贷比约束、贷款收益率等综合因素影响，银行在信贷投放上更倾向于投放短期流动资金贷款，存在通过短期贷款间接满足企业中长期信贷融资需求的现象。

（二）融资渠道多元化对中长期贷款具有“挤出”作用

一方面，随着资本市场的开放，“金融脱媒”现象开始显现，优质企业融资渠道日益多元化，企业通过影子银行及海外融资等方式获取资金的渠道十分便利，企业发债及上市公司增资扩股、定向增发等直接融资的情况已较为普遍，降低了对银行中长期贷款的融资需要。例如，2010 年丹东城市开发建设投资有限公司公开发行 15 亿元 7 年期债券；2011 年丹东曙光集团定向增发 4.5 亿元，2012 年增资扩股 2.9 亿元，2013 年还将定向增发 9 亿元。

另一方面，企业财务管理对融资利率敏感度逐步增强，由于短期融资利率较低且更容易从银行获得，企业为控制融资成本更愿意使用短期融资以及银行承兑汇票、保理等费用较低的业务品种，对中长期贷款增长造成一定冲击。2012 年中信证券为丹东港集团有限公司承销 39 亿元短期融资券和中期票据，2013 年国家开发银行辽宁省分行将为鞍钢发行中期票据 40 亿元，这些都对银行间接融资起到部分“挤出”作用。例如，2013 年 3 月，鞍钢为降低公司融资成本调整贷款结构，偿还中长期贷款 28 亿元。

（三）融资平台贷款下降对中长期贷款影响较大

地方政府融资平台贷款大部分是用于城市基础设施建设、公路和铁路建设等，基本上都是中长期贷款，平台贷款的下降降低了银行中长期贷款需求。一是融资平台贷款进入集中还款期。随着前几轮集中投放的宽限期陆续来临，近几年融资平台贷款回收进入高峰。如国家开发银行辽宁省分行的中长期贷款中约七成为融资平台贷款，数据显示，2013 年该行预计中长期贷款本金回收 185 亿元，同比增加 45 亿元，其中一季度回收 15.6 亿元，同比增加 8 亿元。

二是监管约束抑制融资平台贷款。一方面，国家为控制地方政府过度举债，防范银行业风险，提出了严控地方政府融资平台贷款的要求。目前除政策性银行外，其他银行机构对政府融资贷款政策明显谨慎，部分金融机构将政府融资平台贷款归入压缩退出类，对已发放融资平台贷款不再新增授信，对续建项目执行名单准入制。另一方面，银监会12号文将政府平台新增贷款限定在土地储备、保障房等少数领域，制约了中长期贷款运作空间。

（四）银行信贷结构调整导致短期贷款上升

目前，许多银行开始将批发零售业、先进制造业、战略新兴产业、现代服务业等调整为信贷的主导方向，而以发放中长期项目贷款为主的房地产业、政府平台等已成为较多银行信贷结构调整中重点压缩、退出类行业。比如，工商银行积极推进信贷结构的调整与优化，解决“贷大、贷长、贷集中”的问题，对于大中型优质客户的中长期贷款拓展，主要支持在建续建的电力供应、石油石化、铁路、水电等基础产业及能源产业。同时，银行为了进一步优化信贷结构，还加强了对小微企业的信贷支持力度。小微企业的信贷需求具有“短、小、频、急”的特点，对资金流动性的要求较高，多集中于短期流动资金贷款或票据融资业务，对中长期贷款的需求并不强烈。

（五）银行理财产品表外融资抑制信贷需求，但影响有限

近年来，银行通过表外理财产品对企业融资逐渐兴起，主要体现在信托受益权和委托债权两类。该类融资方式不占用银行信贷规模，实质是规避信贷规模监管要求。另外，有些商业银行将理财产品筹集的资金，委托证券公司发行定向资产管理计划，用于买断其存量中长期贷款。表外理财产品对企业融资的支持一定程度上减少了对中长期贷款的需求，但由于中长期的理财产品价格较高，客户中长期融资成本难以达到上述要求，目前银行以表外理财产品直接支持中长期融资的情况较少，替代作用相对有限；而且监管新规执行后，对理财资金投资非标准化债权资产总额提出了明确的红线控制，同时进一步加强对资产池的管理，也将抑制表外理财产品支持中长期融资。

（六）宏观经济复苏不确定性影响中长期贷款投放

受经济复苏基础不稳影响，个别周

图　沈阳分行监测企业盈利及投资感受指数

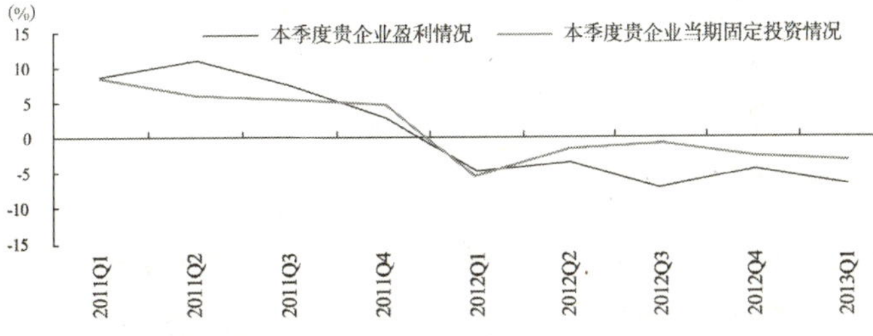

期敏感型行业客户盈利能力下降，部分产能过剩行业客户经营下滑，信贷风险控制压力加大，银行中长期贷款投放意愿下降，中长期贷款投放减少。作为辽宁支柱产业的钢铁和电力行业，是银行以往中长期贷款投放的主要对象，但受宏观经济因素影响，2012年行业的整体盈利能力下滑，发展前景不容乐观，银行为了控制行业性风险，加强了行业限额管控，降低了新增贷款的投放规模，造成中长期贷款不断减少。

三、未来中长期贷款走势影响因素分析

（一）房地产走势对中长期贷款影响较大

随着新“国五条”的出台，从资金获得角度来看市场的总体趋势是偏紧的，房地产开发企业的销售面临着严峻的考验，房地产交易处置成本增加也会加大商业银行对房地产抵押物的处置变现难度。但从中长期看，刚性需求仍在，市场需求并不会因为调控而出现大幅度减少，新型城镇化建设的推进预示房地产行业仍将处于经济发展的重要地位，将保持较为稳定的发展态势。

（二）金融脱媒加速会继续推动优质客户“去贷款化”

直接融资市场仍将快速发展，随着债券市场、证券市场等金融产品的不断增多，直接融资渠道将更加便利，企业将进一步增加直接融资、减少间接融资，金融市场分流银行贷款作用会更明显。同时，小额贷款公司等“影子银行”将会继续蚕食银行中长期贷款的市场份额，减少银行对此类贷款的垄断。

（三）融资平台贷款仍将保持下降趋势

近年来，融资平台的负债数量的增加导致地方政府潜在的财政风险增加，监管部门出台了一系列针对平台贷款的监管要求，要求审慎对待政府融资平台贷款，各金融机构纷纷对地方政府融资平台贷款采取有保有控、逐步压缩的措施，这意味着新增政府融资将变得更加困难，从而影响中长期贷款的增长。

（四）宏观经济及货币政策对中长期贷款的影响

经过多年的高速增长，我国的中长期经济增长动力在衰减，未来投资拉动经济增长的空间有限，与房地产、冶金、基建等行业相关的中长期贷款增长趋于放缓；但由于政府宏观微调，经济逐步复苏回暖，基础设施、环保、民生、公共管理等投资力度加大，会带动一定中长期贷款需求。此外，城镇化政策的实行会加大中长期融资需求。

考虑经济增长小幅回升、物价可能进入新的上行周期且输入型通胀压力不容忽视，货币政策仍将维持稳健基调，不会进一步放松但也不会很快收紧。在此环境下，银行将保持一定的信贷供应能力，但信贷投放规模难以明显放大。

综合以上，未来中长期贷款会有一定程度的提升，但将延续缓慢增长态势，新增贷款继续呈现短期化走势。

当前广西房地产企业融资情况调查

中国人民银行南宁中心支行调查统计处
中国人民银行桂林市中心支行调查统计科
中国人民银行北海市中心支行调查统计科

据调查，在当前房地产行业宏观调控背景下，房地产企业融资渠道逐渐由传统银行贷款转向信托贷款、委托贷款和银行承兑汇票等表外融资方式。截至2012年末，广西房地产企业通过上述三类融资工具筹措资金规模达88.92亿元，同比增长275.4%，是同期银行房地产贷款增速的25.98倍；2013年一季度上述三类融资工具的融资余额为105.77亿元，同比增长374.5%。

一、房地产企业“绕道”融资的基本情况

（一）银信合作有所深化，房地产企业信托贷款规模得以迅速发展

近年来，广西银信合作理财产品得以快速发展，广西企业逐渐认识并开始接受省外信托公司所提供的融资服务。由于房地产企业所需资金量大、资金回报周期长，因此资金来源稳定、融资门槛相对不高、筹资期限相对灵活的信托贷款成为当前房地产企业解决融资难题的重要渠道之一。2012年，广西房地产企业通过信托渠道获得资金余额达52.49亿元，同比增长556%，是同期房地产贷款增速的35倍。2013年，广西房地产信托融资继续迅猛增长，仅一季度金额即达到79.8亿元，同比增长462%。通过对部分房地产企业抽样调查显示，2012年部分房地产企业信托融资占其全部融资总量的四成，而信托贷款平均融资成本为9.37%左右，高于同期贷款利率2.66个百分点。

（二）“高收益”因素促使大量委托贷款投向房地产行业

2012年，通过广西辖区金融机构向房地产企业发放的委托贷款余额为25.2亿元，占全部企业委托贷款的26.2%，同比增长153.5%，高于同期房地产贷款增

速143个百分点。2013年一季度广西房地产企业获得的委托贷款余额为16.3亿元，占全部企业委托贷款的23%，同比增长727%。从利率水平看，投向房地产行业的委托贷款利率普遍偏高。据调查，2012年投向房地产业的委托贷款加权平均利率为14.06%，高于全部委托贷款加权平均利率4.96个百分点，高于同期银行普通贷款利率6.51个百分点，甚至部分非关联企业投向房地产的委托贷款利率超过25%。从资金来源看，委托人为个人的委托贷款投向房地产行业的比重较高。2012年广西各银行发放的以个人为委托人的委托贷款8.28亿元，其中2.18亿元投向房地产业，占比为26.3%。从参与银行类型看，地方中小金融机构和股份制度银行参与程度较高。如2013年一季度桂林银行参与的投向房地产行业委托贷款余额为2.6亿元，占全部金融机构投向房地产行业委托贷款的16%；浦发银行南宁分行参与的投向房地产行业委托贷款占该行委托贷款规模的99%。

（三）银行承兑汇票为房地产企业提供短期融资便利

银行向企业开出银行承兑汇票时，可以允许企业按票面金额的一定比例缴纳保证金，因此银行承兑汇票票面金额剔除保证金后的部分成为银行对企业提供信用，银行需要承担这部分的资金风险。当前监管部门对银行承兑汇票的监管力度相对弱于表内贷款，因此，银行承兑汇票的风险敞口能够为房地产企业提供短期融资便利，使得房地产行业银行承兑汇票业务得以发展。2012年，广西房地产业银行承兑汇票余额为28.07亿元，同比增长96%，较同期房地产贷款增速高出85.4个百分点。2013年一季度房地产业银行承兑汇票余额24.17亿元，同比增长58.2%。根据调查，目前广西房地产企业签发银行承兑汇票的风险敞口约为40%，从而估算出2012年广西房地产企业可通过银行承兑汇票获得9.67亿元的资金规模。

二、当前房地产新型融资渠道存在的问题

（一）新型融资渠道的表外性对风险监控制度带来挑战

当前，房地产新型融资渠道均属于商业银行的表外业务，许多业务不能在财务报表中得到真实反映，金融监管当局难以了解银行的经营成果和潜在风险。银行在提供这些金融服务时，往往只充当中间人作用，对资金来源、资金投向等环节的审核缺乏有效的风险监控机制，部分企业利用“监管盲区”从中套利。

（二）房地产企业表外融资渠道可能加大风险传导的复杂性

据调查，当前房地产新型融资渠道的平均利率普遍高于房地产贷款利率。绕道新型融资渠道的获得资金支持的部分房地产企业已明显存在资金短缺问题。高利率导致的高融资成本可能进一步削弱房地产企业的还款能力，容易引发连锁信用风险和财务危机。特别地，委托贷款、信托贷款、银行承兑汇票等业务与其他金融产品的市场参与者之间存在

一定的交叉性和合作性，从而造成风险传导复杂化、系统化。

（三）影响房地产宏观调控效果

一些不符合政策或者信用程度不良的项目和企业，利用新型融资渠道获得资金，加大房地产风险，削弱房地产宏观政策的调控效果。银行大量为房地产企业签发银行承兑汇票，扩大了风险"敞口"，增加房地产企业信贷供给，从而影响监管部门对房地产企业从银行获得贷款规模的评估和判断。

三、相关建议

（一）完善银行业表外业务的统计监测

完善对银行表外业务资金来源及投向的统计监测，加强对银行业表外业务资金来源真实性审查、银行承兑汇票贸易真实性审查的考核和监督。对金融机构开展的表外业务实行跨机构、跨市场的监测，加强对银信合作、银证合作表外业务的统计分析，完善金融业的综合统计制度。

（二）建立健全房地产企业财务和融资情况风险评估机制

建议有关部门建立健全样本房地产企业资产负债、现金流量和利润情况统计，充分、及时评估当前房地产行业风险；运用人民银行企业征信平台，将委托贷款、信托贷款等融资信息纳入企业平台，及时了解和掌握融资企业及其关联企业的经营情况、信用状况及资金往来关系等信息，以防止企业利用关联关系套取银行信用。

（三）银行要加强对房地产企业的风险管理

建立健全风险管理的规章制度，除了针对表内贷款房地产企业加强客户准入制度、授信审批审核制度、担保风险缓释制度、风险评估评价制度之外，还应针对委托贷款和银行承兑汇票的房地产企业加强风险管理，谨防表外风险表内化。

执笔：周吉燕　张毅英　文平勇

台州市中小企业贷款期限错配与还款方式创新情况调查

中国人民银行杭州中心支行调查统计处
中国人民银行台州市中心支行调查统计科

一、台州贷款期限错配基本情况

为了解台州贷款期限错配具体规模和增加的社会成本情况，人民银行台州市中心支行通过对向各金融机构发放问卷以及企业抽样调查形式对其进行测算。

（一）基本情况

根据问卷调查，台州市金融机构企业流动资金贷款续贷比例高达83%，其中以贷款期限错配导致的转贷占据绝对主体。企业在解决贷款期限错配问题时，主要有到期前转贷和到期后转贷两种方式，两者分别占比44.2%和55.8%。到期前转贷一般借助同行剩余授信额度和他行贷款予以周转，而到期后转贷除较少比例套用还款方式创新手段外大多借助过桥贷款，其中到期后转贷依靠同行贷款和异行贷款的比例分别为89.5%和10.5%。

（二）贷款期限错配的规模

为了解台州市中小企业贷款期限错配规模，我们根据调查情况进行相关测算。

1. 信贷需求方企业信贷发生情况分析。按企业规模、地区分布、行业类别等合理分配[①]选取45家企业，全面分析2012年贷款发生情况，对不同规模测算结果进行加权算术平均数得出贷款期限错配比例。调查结果显示，49%的企业2012年有贷款发生，贷款金额合计53793万元，期限错配贷款比例为70%。

2. 信贷供给方银行金融机构分析。为更加准确判断贷款期限错配规模，我们又对银行信贷供给情况进行了调查。从不同银行类型、成立时间长短分层估算，对不同层测算结果根据各银行2012年末企业人民币贷款余额数据进行加权算术平均数，得出期限错配贷款比例。

① 其中，中型企业、小微企业分别占比22.2%和77.8%。

结果显示，大型商业银行、城市商业银行、股份制商业银行[①]（5年以上、2~5年、2年以下）分项期限错配贷款比例分别为80%、71%和（80%、60%、35%），综合期限错配比例为76%。两种测算结果相互验证，比较接近，我们认为这个比例是合理的，最终判断期限错配比例区间为70%~76%。

3. 台州市中小企业贷款期限错配规模。个人经营性贷款一般为企业法人用于企业运转资金的主要来源，应该将其纳入范畴之列，考虑到其错配比例的可得性和与企业贷款的相似性，我们按70%~76%套算。2012年末台州市金融机构人民币中小企业贷款余额、个人经营性贷款余额分别为1510亿元和1052亿元。综上所述，2012年末，台州市期限错配贷款总余额约为1880亿元[②]，其中，到期前、到期后转贷的期限错配贷款余额分别约达830亿元和1050亿元。

二、还款方式创新的主要模式及特征

为解决贷款期限错配造成的社会问题，台州市各个层面对还款方式创新手段都进行了有益探索，来弥补转贷过程中的资金断档，以实现贷款到期后的无缝衔接。如银行方面有华夏银行的年审制贷款、泰隆银行的接力贷、台州银行的灵活分期还款产品等，政府部门主导的财政出资设立的三门县应急周转金，以及民间自发形成的营利性转贷公司——浙江天和联建设投资有限公司。我们对其进行系统性梳理，归纳出以下三种模式。

（一）银行创新型

银行创新型主要有四种途径：一是年审型，银行对年审制贷款业务按照名单制进行管理，在第一融资时段到期前，对客户进行现场调查、收集资料、撰写调查报告，采取资质材料审批方式对借款企业是否符合条件进行年审，年审合格后贷款期限自动延长，无须还贷。对年审不合格的收回贷款。如华夏银行的“年审制贷款”目前已在台州试行推广。二是匹配型，有期限内还款金额与企业的资金流匹配的还款方式创新，和贷款期限设定突破1年以内流贷定式、贷款期限直接与企业资金需求期限匹配的中长期流动资金贷款品种，如台州银行的“灵活分期贷款”产品可结合企业的现金流情况设计每月还款金额不等的分期还款计划，工商银行的“固贷通”产品可按企业转型升级技改资金需求提供最长达5年的流动资金贷款。三是分期型，主要有既有贷款期限内的分期还贷和宽期限分期还本付息两种，如建设银行的“小微企业信用贷”产品，对贷款期限为6个月至1年的采用分次还款方式；邮储银行的款期限还本付息产品，对贷款到期后有还款困难的企业进行展期，在展期内企业分期还本付息。四是循环型，

① 大型商业银行、城市商业银行均成立5年以上，贷款期限错配比例基本稳定，股份制商业银行由于设立时间差别较大，错配比例有明显区别，故分为5年以上、2~5年、2年以下三个组别。

② 按70%~76%套算，错配余额约1800亿~1950亿元，取区间中值约1880亿元。

与借款人签订一次性授信合同，在授信存续期间和授信额度内，允许借款人多次流动取得贷款资金，如泰隆银行的“接力贷”在贷款到期前对企业发放另一笔贷款，用于偿还上笔贷款。

（二）政府参与型

政府财政设立专项资金，用于短期内有资金周转困难的企业。具有公益属性，转贷利息较低，以三门县应急周转资金为例，利率根据实际使用天数按银行6个月同期贷款基准利率标准收取。企业需凭贷款银行转贷手续申请。

（三）民间资本运作型

政府倡导，由企业或个人参股出资设立转贷公司，对有转贷资金需求的企业发放贷款。转贷利息为覆盖风险，一般较高，如天台“浙江天和联建投资有限公司”以资金占用费收取，费率为0.7‰/天，折合年利率高达25.6%。财政资金给予相应补偿，如天台县财政设立3000万元专项风险补偿基金，对融资调剂基金因帮扶困难企业造成风险的给予10%~20%的风险补偿。

三、还款方式创新模式作用与问题分析

（一）银行创新型

作为转贷支持主体，对降低企业转贷压力有直接效果。对企业经营情况、借贷行为、资金需求真实情况较为了解，风险控制能力较强。基本不产生费用，如华夏银行年审制贷款不产生任何费用。但部分产品创新存以贷还贷可能，如某银行“接力贷”等，且到期后转贷创新仅“年审型”和“分期型”中的宽期限还本付息两种，只占全部创新方式累计涉及金额的12.2%。

（二）政府参与型

政府出于社会稳定、控制影响面考虑，在特定时期对特定对象设立的专项基金，使用对象包括资金链断裂企业，是其他模式出于可风险控制及可持续运转不会涉及的。使用费用相对较低，具有一定的公益属性，但带有一定的强制性，金融机构承担较大隐藏风险。企业认为使用该基金会被金融机构界定为风险较大企业，采用度较低。

（三）民间资本运作型

风险控制能力较强，垫资还款前需获得银行续贷承诺，基本不会出现垫资后收不回款问题。由于没有政策性导向和范围限定，公司自行甄别风险，故使用对象最广。但公司开展垫资还贷，实质是从事金融业务，从法律上说是处在“边缘”状态。同时，转贷手续费在所有模式中最高，为0.7‰/天，折合年利率高达25.6%，超过4倍基准利率，存在贷款担保人变更导致银行不予续贷情况。

执笔：奚尊夏

商业银行规避贷款规模管制的四种业务情况调查

中国人民银行海口中心支行调查统计处

当前，商业银行为应对人民银行及有关监管部门贷款限额、存贷比等监管指标的考核，通过信托贷款、委托贷款等“影子银行”业务，采取各种方式如银信、银证、银基等合作模式，试图规避贷款规模控制，削弱贷款规模管制的效力。本文对其中四种方式，即信托贷款，信贷、票据资产转让，委托贷款，同业代付的运行模式和风险进行了调查，并梳理了近年来监管部门的规章制度。

一、信托贷款

信托贷款是指委托人出于对受托人(信托公司)的信任，将其合法拥有的资金委托给受托人，由受托人按委托人的意愿以自己的名义，为受益人的利益或者特定的目的，将委托资金放贷给约定的借款人，并按照贷款合同约定收取本金和利息的行为。在信托贷款业务中，银行可以作为信托贷款计划的代销渠道，也可以发行银行理财产品募集资金（或者使用自有资金）投资于信托产品，进而向拟融资企业发放信托贷款。而且在银信合作放贷中，银行是真正的发起人，在客户的选择、产品的设计、销售甚至收益的分配上都占据主动，但信托贷款并不计入银行贷款，也不占用银行贷款额度，从而规避了监管部门对银行业贷款规模的监管。

为防范信托贷款过度发展带来的金融风险及其对宏观调控的干扰，信托贷款和银信合作放贷近年来受到严格监管。2010年、2011年银监会先后发布《银监会关于规范银信理财合作业务有关事项通知》（以下简称“72号文”）和《中国银监会关于进一步规范银信理财合作业务的通知》（以下简称“7号文”），要求银行把银信理财合作业务表外资产在2011年末前转入表内并按照要求计提拨备和资本，并对信托公司融资类银信理财合作业务实行余额比例管理。对信托公司实行净资本管理后，银监会对银信合作发放信托贷款、受让信贷资产和票据资产业务设定远高于一般业务的风险资本系数，通过加大资本消耗迫使信托公司收缩银信合作贷款业务规模。

2010年“72号文”和2011年“7号文”要求银信理财合作业务转表和对融资类银信理财合作业务实行余额比例管理，大大限制了银信理财合作的生存空间，但以“信托受益权”规避银监会对“银信理财合作业务”监管的模式开始出现。在2011年《中国银监会非银部关于做好信托公司净资本监管、银信合作业务转表及信托产品营销等有关事项的通知》（以下简称“14号文”）中银监会进一步明确表示，银行理财资金作为受益人的信托业务，包括银行理财资金直接交付给信托公司管理的信托业务和银行理财资金间接受让信托受益权业务，一律视为银信合作业务，应接受相应监管，在计算风险资本时也应按照银信合作业务计算。

对于房地产和地方融资平台等限制性领域，除了适用一般业务受到的监管规定，银监会还在资金来源、资金投向、资本要求等方面设置了更严厉的监管要求，如2010年起信托公司禁止以信托资金发放土地储备贷款、信托公司发放贷款的房地产开发项目必须满足“四二三五”标准、提高银行个人理财资金投资房地产信托产品的门槛、为银信合作发放信托贷款设置更高的风险资本系数等。

二、信贷、票据资产转让

商业银行可以向理财产品、信托计划、券商资管计划转让信贷资产，腾出信贷额度，从而规避贷款规模管制，而监管部门也出台了一系列政策对此加以监管。针对银行发行理财产品购买自身信贷资产，或引入第三方银行彼此发行理财产品购买对方信贷资产的行为，2010年12月银监会下发《中国银监会关于进一步规范银行业金融机构信贷资产转让业务的通知》，规定银行业金融机构“不得使用理财资金直接购买信贷资产”。

对银信合作，2009年银监会发布《关于进一步规范银信合作有关事项的通知》，禁止了银信合作理财产品购买发行自身信贷资产，以及信贷资产转出方安排回购规避监管的行为。2010年“72号文”对银信合作转表进行了规范，2012年2月发布的《关于信托公司票据信托业务等有关事项的通知》则叫停了票据信托。

在银信合作监管趋严后，银行也和证券公司、基金公司等其他机构开展合作规避监管，如银行将理财资金交由证券公司定向资产管理计划，后者按银行指令购买银行票据资产。由于有借政策漏洞规避监管的嫌疑，这类业务也面临被规范或叫停的风险，2012年7月发布的《加强票据业务管理的若干规定（征求意见稿）》就考虑引入规定“纸质商业汇票贴现后，持票银行只能将票据转让给其他银行、财务公司或中国人民银行”，进一步限定银行转让票据业务的范围。

资产转让相关会计准则的漏洞也可能被用于“削减”贷款规模。河南等地的农村信用社曾采用旧会计处理方式，在票据正回购交易中减记贷款规模，利用这一“条件”，银行将票据卖断给农村信用社再从后者逆回购买入票据，农村信用社的贷款规模不会增加，银行也减掉了贷款规模腾出了信贷额度。针对这种情况，银监会2011年6月下发《关于切实加强票据业务监管的通知》，要求立即停办此类违规机构票据业务，严禁从事以规避信贷规模为目的的票据买卖行为。

三、委托贷款

委托贷款是指资金充裕的非金融企业与银行、财务公司等金融机构订立委托贷款合同，约定贷款对象、用途、金额等贷款要素并提供委托资金，然后由金融机构向已确定的贷款对象发放贷款。从某种意义上说，委托贷款其实就是民间借贷的“官方化”，是企业间融资的“合法化”。银行在这一过程中只作为中间人收取手续费，却不必将这样的委托贷款计入自己的贷款规模，也不必为贷款归还承担任何风险。

2010年下半年信托贷款受到严格监管规模收缩，委托贷款在2010年四季度开始大量涌现，部分银行利用委托贷款绕过信托放贷，如总行作为委托人，分行作为委托贷款的中间方；或者分行作为理财产品发行方和委托人，找一些村镇银行或者中小银行作为委托贷款的中间方。2011年7月下发的《商业银行理财业务监管座谈会会议纪要》规定“商业银行不得面向大众化客户发行标准化的理财产品募集资金来发放所谓的‘委托贷款’”，此后一些银行通过机构投资者、高净值客户发行理财产品募集资金进行委托贷款。据人民银行统计，2012年委托贷款规模1.28万亿元，和信托贷款规模相当，相当于同期人民币贷款规模的15.65%。

委托贷款和信托贷款有相似性，但在信托贷款中受托人（信托公司）要付出较大努力，包括对借款项目的营销、寻找资金对接、与客户就价格和风险控制措施的博弈、内部审批等，而委托贷款中受托人（商业银行）主要只起到过桥作用。从这个角度来看，由于受托人在风控中的积极程度弱于信托贷款，委托贷款更需要依靠委托人加强风险控制。但即使委托人对贷款进行层层审核，其风险评估标准也比银行宽松，并因此承担更高的风险和收益。如A股市场唯一以放贷为主营业务的类金融公司融通，通常贷款利率不会低于18%，对于一些风险较高的项目则要在21%~24%，已经达到法律保障范围内的最高贷款利率。而据报道，2012年末该公司10笔利率超过20%的委托贷款有7笔未能如期归还，其中5笔已经不得不借助法律诉讼。

四、同业代付

在票据业务受到严厉监管后，同样可以起到隐匿贷款规模作用的同业代付业务在2011年下半年以来发展迅速。同业代付业务是指银行（委托行）根据客户申请，通过境内外同业机构或本行海外分支机构（受托行）为该客户的国内贸易或国际贸易结算提供短期融资便利和支付服务。从业务实质看，委托行是客户的债权人，直接承担借款人的信用风险，到期向借款人收回贷款本息；代付行为委托行提供贷款资金来源并完成“受托支付”服务，承担同业授信风险，拆放资金本息到期由委托行无条件偿还。

在业务开展过程中，代付银行付款时借记“同业拆出资金”，不作为贷款处理，委托行收到代付行款项时贷记“同业拆入资金”，支付给客户时借记“其他应收款”，也不作为贷款处理。因此，在整个业务链条中，没有任何一方银行将该笔融出资金计入贷款规模，客户获得了贸易融资，银行也规避了贷款规模限额、存贷比等指标的考核。

2012年8月，银监会发布《关于规范同业代付业务管理的通知》，要求按照“实质重于形式”的原则，“委托行应当将委托同业代付的款项直接确认为向客户提供的贸易融资，并在表内进行相关会计处理与核算；代付行应当将代付款项直接确认为对委托行的拆出资金，并在表内进行相关会计处理与核算”，受托行也不得将资金拆借给委托行后由委托行“自付”。

执笔：黄　革　何雁明

黑龙江省金融支持粮食生产情况

中国人民银行哈尔滨中心支行调查统计处

2012年黑龙江省粮食生产再夺特大丰收，粮食总产达1152.3亿斤，实现“九连增”，总产量、新增量、商品量、调出量均位居全国首位，为确保我国粮食市场供应稳定和保障国家粮食安全作出了突出贡献。“九连增”背后金融支持功不可没，但支持模式还有待创新。

一、黑龙江省金融支持粮食生产的基本情况

（一）落实信贷政策，加大农业生产金融支持力度

截至2012年末，全省涉农贷款余额达3909.4亿元，占各项贷款总量的38.1%，比年初增加603.5亿元，同比增长18.3%，确保了全省粮食生产的整体需求。同时，积极发挥支农再贷款杠杆作用，全省投放了支农再贷款余额达77.5亿元。首次将支农再贷款专项投放于市区秋粮收购，全省6个农村信用社累计运用支农再贷款发放粮食收购贷款6亿元，有效缓解了收购资金紧缺状况，确保了农民粮食及时变现。

（二）把握信贷投放重点，努力增加粮食生产关键领域的资金投放

一是把农田水利建设作为“三农”信贷的投放重点。截至2012年，全省农田基本建设贷款余额为96.7亿元，同比增长44.5%，新增贷款主要投向中低产田改造、大中型灌区的续建配套和节水改造项目等工程建设。二是加大农业科技示范推广信贷支持力度。截至2012年末，全省农业科技贷款余额5.6亿元，同比增长达142.6%，为开展良种培育、病虫防治、标准化种植等提供有效的资金支持，促进了粮食亩产的提高和种粮成本的降低。三是增加农业科技创新的资金供给。各涉农金融机构相应制定了符合农业科技特点的信贷管理办法，满足专业合作社及农户开展设施农业、标准化种养殖、技术改造的资金需求，实现了提高农产品产量、改善农产品品质、降低生产成本、提高生产效率的目的。四是适应农村土地规模化经营的需要，发展“农业供应链信贷”的模式。2012

年末，农业供应链贷款达到75.95亿元，已覆盖耕地4000万亩，惠及农户600万人。

（三）大力推进农村金融产品创新，服务现代农业作用日益突出

目前，全省各涉农金融机构围绕农业发展的需要、农业生产的特点、广大农户及农业市场的需求变化等方面主动研究，加快对金融产品和服务方式的创新步伐。例如，龙江银行开发设计了“公司+合作社+农户+银行+政府+科技”的农业供应链信贷模式，将农业产业链上的农户、合作社、农业生产企业到粮食购销企业联结在一起，有效破解了农业现代化生产过程中资金筹措难、农业技术低、农产品销售渠道不畅等难题。交通银行采用先贷款后抵押和信用放款方式为全省178户现代农机合作社发放农机购置贷款15.2亿元，促进了农业综合机械化程度不断提高。

二、金融支持粮食生产背后存在的问题

（一）农村资金外流较严重，资金供给仍无法满足农业发展有效需求

粮食千亿斤工程离不开资金的支持，而农村金融服务是为千亿斤工程资金提供的关键环节。近年来，农村金融机构尤其是国有商业银行大量撤并县域营业网点，信贷权限上收，导致对县域金融服务缺位。县域金融机构除农业银行、农业发展银行、农村信用社和邮政储蓄银行外，其他机构基本不开展农村信贷业务，“三农”资金需求面临缺口。同时，由于农村经济发展相对落后，农户与农村企业很难得到金融机构的资金支持。多数县域金融机构只存不贷，资金系统内上存或转存，资金外流的现象比较明显。据统计，金融机构在县域的信贷总量仅占全省信贷总量的28.4%，金融支持程度与县域经济的地位和作用不匹配。

（二）农村企业与居民抵押担保品不足，难以满足金融机构的抵押担保要求

由于黑龙江省属于经济欠发达地区，地方财政困难，中小企业担保中介组织发展缓慢。目前为中小企业服务的担保机构只有40多家，并且存在注册资金少，担保能力弱等问题。与企业和农户的融资担保需求相比，农村担保机构数量与担保能力差距巨大，而农民个人能满足银行抵押要求的资产少。目前黑龙江省农村居民最重要的财产是房产和土地，分别约占农村人均财产的29%和41%。而农民住宅大部分没有办理产权证，作为不动产的土地又是承包性质，在开展担保的操作层面上存在很大难度，使农业生产资金投入受到制约。

（三）粮食产业政策与金融政策协调配合有待进一步提高

近年来，国家财政支农力度不断加大，但量少、点多、线长，涉及金融领域的无论是在种类上还是数量上都明显偏低。一是目前我国对农村金融的部分支持政策存在受惠面有限或过窄的问题。如所得税税收优惠仅限于农村信用社，将同样需要扶持的农业银行、村镇银行

等涉农金融机构排除在外。二是农业信贷的财政补贴体系不完善。“救火式”的财政补贴政策不能为金融机构提供资金长期安全保障。直接享受财政分担和补偿的信贷风险损失范围不明确，配套政策不到位，实施中缺乏科学的依据。三是地方落实国家扶持奖励政策面临一定的困难。按国家规定，县域金融机构涉农贷款增量奖励和农业保险保费补贴的资金是由中央财政和地方财政共同承担的，对于经济基础较差省的区县，在落实相关扶持政策的配套资金时往往面临资金困难，尤其县级财政存在的困难更大。

（四）农村保险业务发展滞后，信贷风险分散和共担机制缺失

近年来，黑龙江省极端气候不断出现，自然灾害频发，给农业生产造成重大损失。据资料显示，黑龙江省洪涝灾害年均损失20亿元左右，旱灾损失10亿元。自然灾害的频发也使农业保险成为高风险、高赔付率的险种，商业性保险机构不愿开办此项业务。同时，农民自身参加农业保险的意愿不强，承保面小，保险基金来源少，保险的“投保越多、费用越低、保障越足”效应无法发挥，一旦出现大面积风险，保险公司所收取的保费不足以维持赔付，后续经营将无力维持。农业保险的发展迟缓，导致投保的农户与企业少，受灾损失难以分散，农业生产面临着巨大的自然灾害风险。此外，农村保险体系滞后，也使农村金融风险分散机制不健全，一定程度上导致农村金融机构被迫提高贷款利率。

执笔：韩晓红　荫忠鹏

金融支持西藏林芝地区“三农”工作的调查与思考

中国人民银行拉萨中心支行调查统计处
中国人民银行林芝地区中心支行调查统计科

林芝地区金融机构在大力支持地方经济发展的同时，认真执行了中央赋予西藏的特殊优惠货币政策，在帮助当地的“三农”工作发展、促进农牧民增产增收、加快脱贫步伐等方面作出了积极的贡献，同时在金融工作中也遇到了困难和问题。

一、积极做好农牧区贷款发放工作

(一) 涉农贷款发放总体情况

截至2012年12月末，林芝地区涉农贷款余额为5.37亿元，同比增加1.35亿元，增长34%，涉农贷款余额在各项贷款中占比为23.76%，贷款户数达12938户，占农牧户总户数的54.75%。其中，农牧业生产贷款余额4.02亿元，较年初增加0.9亿元，增长28.93%，占涉农贷款的74.86%；扶贫贴息贷款1.35亿元，较年初增加0.50亿元，占涉农贷款的25.14%；小额信用贷款余额为3.75亿元，较年初增加0.58亿元，增长18.32%，占涉农贷款的69.83%。林芝地区所辖七县涉农贷款均有不同程度的增长。

(二) 农牧户小额信用贷款发放情况

农牧户小额信用贷款产品以“金、银、铜、钻石”四卡为载体发放，采取“评级授信、动态调整、随用随贷、逐笔立据、余额控制、周转使用”的操作方法，无须提供第三方担保，自推出以来，深受广大农牧民群众的欢迎，有力地支持了农牧户生产生活，成为了地区服务“三农”的金融产品品牌和亮点。截至2012年12月末，小额信用贷款余额为37509万元，较年初增加5808万元，增长18.32%，占涉农贷款总额的69.83%，贷款户数达11953户，占农牧户总户数的41.12%。全年累计发放“四卡”2641张，月末发卡量达23000张，同比增加了1114张，其中“金银铜”卡22272张，钻石卡728张；发卡面达到97.33%；贷款证实际使用卡数为张，使用率达95.51%，惠农卡年末余额为20023张，完成全年发卡计划的827.30%。

（三）扶贫贴息贷款发放情况

截至2012年12月末，林芝地区扶贫贷款余额为13450万元，比年初增加4953万元，增长58.29%，占涉农贷款总额的25.14%，贷款户数达3031户，占农牧户总户数的10.43%。安居工程累计发放贷款2.31亿万元，受益人口达9.7万多人，占地区总人口的53%，确保了地区78%以上的农牧民住上安全舒适的新房。

（四）安居工程贷款发放情况

截至2012年12月末，地区安居工程贷款余额为220万元，同比减少71万元，累计发放贷款2.32亿元，完成安居工程2.41万户，安居工程建筑面积达22万平方米，受益人口达9.7万人，占地区总人口的51.05%，确保了地区75.58%以上农牧民住上安全舒适的新房。

二、存在的问题

（一）部分银行在服务农村金融工作有所欠缺

辖内的各商业银行在推广普及和拓宽农牧区市场融资渠道和涉农基础设施建设等方面有所加强，但因部分商业银行主要执行的是其总行的相关业务指引，暂未出台本机构自身较为详细的“三农”信贷政策和相关信贷产品，更没有金融产品的创新发展，无法满足地区农牧业发展的实际金融需要。

（二）持续信贷投放缺乏有效增长载体，涉农信贷投放仍显不足

长期以来，林芝农牧区信贷投放以“金、银、铜、钻石”四卡为载体，以到户贷款为主。按照2012年末小额信用贷款余额测算，户均贷款已达3万元以上。随着户均贷款增加，信贷风险也随之增加，将进一步制约有效信贷投放。另外，单纯依靠粗放型农牧区经济增长方式，金融支持农牧民增产增收的边际效应也随之递减。

（三）农牧金融服务不平衡，县域金融服务需要进一步加强

由于林芝地区地广人稀，金融总量小，在县及县以下区域，仅设立了农业银行和邮政储蓄银行分支机构。据统计，截至2012年末，地区县及县以下农行营业所空白乡镇网点14个。每个营业所服务半径少则几十公里，边远地区多则上百公里，乡镇所在地之外的行政村营业网点数几乎为空白，基层农牧金融服务严重不平衡。

金融机构业务创新对金融统计的影响

中国人民银行杭州中心支行调查统计处

自2011年以来，金融机构业务、金融工具创新力度不断加大，特别是资产类创新产品更趋多元，且表内资产表外化、表外业务复杂化趋势增强，对社会融资规模、货币供应量统计以及货币政策传导产生一定影响。人民银行杭州中心支行从商业银行非信贷融资业务（不含银行承兑汇票、同业代付①）和信托公司信托业务入手，对当前金融机构的金融创新情况进行了调研②。

一、金融机构业务创新的特点

（一）创新载体日渐丰富，合作模式增多

随着金融市场快速发展以及交易平台多元化，不同类型金融机构（准金融机构）的互惠合作加强。除了银行理财产品、信托公司信托计划外，证券公司（基金）资产管理计划、保险公司债权投资计划也成为合作创新的新通道，银证合作（银证信合作）、银保合作等模式开始显山露水。如某行2012年1~10月推荐给其总行投资于定向资产管理产品，并最终对接浙江省内企业的项目27.7亿元。某2家券商也与某2家银行达成定向票据业务战略合作协议。

另外，区域性金融资产交易平台的快速发展，也为金融机构创新提供契机，委托债权投资类理财便是借助金融资产交易平台推出的新型理财产品。一般流程为，有投资意愿且有投资能力的投资者作为委托人，通过金融资产交易所的资产交易平台，委托商业银行、信托公司、企业集团财务公司等金交所的会员（受托人）进行的债权性固定收益类投资。该类业务涉及的主体包括委托人（理财产品）、受托人（银行）和融资方，

① 本调查所指非信贷融资业务，指除各项贷款、银行承兑汇票业务、同业代付业务、信用证业务外，银行作为中间人，引进保险资金、证券市场资金、信托资金、理财资金及其他资金来源为企业融入资金、支持地方经济发展的业务。此外，根据银监会2012年8月下发的《关于进一步规范同业代付业务管理的通知》，同业代付业务应于12月末前进入表内贸易融资核算，故本次非信贷融资业务创新调查不包含此业务。

② 调研对象包括在杭州的4家大型商业银行、13家股份制商业银行，省内11家法人城市商业银行以及4家信托公司。

从调查看，委托人和受托人一般为总行与分支行。2012年1~10月，浙江省5家被调查银行通过北京金融资产交易平台开展的委托债权投资业务169亿元，10月末委托投资余额237亿元。

（二）新型表外业务层出不穷，融资作用增强

2011年来，在外部监管趋严、信贷规模趋紧、企业资金需求刚性背景下，表外业务创新品种层出不穷，理财项下委托贷款、非标准化自营投资、权益类结构化融资等新形式的非信贷融资业务对传统委托贷款、信托贷款的替代作用进一步加强。

（三）创新产品复杂化趋势增强

无论理财产品还是信托计划，均呈现多元化和复杂化趋势。一是基础资产类型多元化，从单一、直接的票据、贷款等标准资产向品种繁多的基于未来现金流、权益类以及固定收益类等非标准资产延伸，资产收益权类理财产品和信托计划明显增多。该类产品通常以企业所拥有的特定资产或特定资产收益权（如收费权收益权、项目/物业收益权、应收账款收益权、股票收益权等）作为投资标的。二是产品交易环节增多，融资链条更长。自2009年末以来，银监会针对银信合作理财业务密集出台了一系列监管政策，特别是2010年8月实施的《关于规范银信合作业务有关事项的通知》（“72号文”）和《信托公司净资本管理办法》（“5号文”）对融资类银信产品比例进行限定。为满足市场需求，同时回避新规带来的约束，基于特定资产收益权的信托快速兴起，交易环节增多，融资链条更长，银信合作，由传统的银行、信托双方直接合作，变成引入第三方参与的组合性合作。

二、创新业务统计存在问题及影响

金融创新一方面丰富了社会的投融资方式，提高了资本的边际收益；另一方面还通过金融竞争的加剧，提升金融服务的水平和金融机构的运作效率，优化金融资源配置，并最终推动经济增长。但由于现行金融统计制度不完善，利率、汇率机制尚未完全市场化，市场主体利益驱动等原因，金融创新在促进经济增长的同时，对货币信贷运行产生了一些不利影响，尤其是一些规避管制的做法削弱了宏观调控的效率。

（一）对融资类创新业务，金融机构会计核算方式不同，部分业务统计归并缺乏明确的分类标准，影响社会融资规模准确测算

从调查看，银行对非信贷融资业务的核算方式有三种：一是单纯推介类的业务，仅计中间业务收入科目；二是表外计托管贷款等科目，同时计中间业务收入科目；三是表内核算，业务余额计同业存放款、委托理财、委托债权投资、代理收付款等科目，收入计中间业务收入科目。同时，由于缺乏明确的分类标准或权威的解释，对部分相同或类似业务不同金融机构理解不一，统计归并也存在差异，从而影响到社会融资规模总量的测算。

一是理财项下委托贷款和委托债权投资，其资金投向了企业，是实体经济从金融体系获得资金的真实业务，但目前未全部包含在社会融资规模统计中。传统委托贷款是非金融企业（政府部门、企事业单位及个人）等委托人提供资金，由其他存款性公司根据委托人确定的贷款对象、用途、金额、期限、利率等代为发放、监督使用并协助收回的贷款。根据目前社会融资规模统计口径，委托贷款计入社会融资规模，指标取月报1批中“委托贷款及投资—委托贷款”。但理财项下委托贷款和委托债权投资，颠覆了传统委托贷款的定义，委托双方均变为金融机构，委托人的资金也非自有资金，而是代客理财资金，受托方的“代为放贷”变成“代为投资”，因而被统计在“委托投资”。

二是多数权益类信托产品具有实质性融资属性，但未计入社会融资规模。在当前特殊的宏观背景下，权益类信托产品不断翻新，结构设计呈现类资产证券化特征，模糊了传统意义上财产信托与资金信托的边界。从调查看，信托计划作为特定目的载体，当融资方以特定资产或特定资产收益权（如项目收益权、股票收益权、物业收益权、信托受益权等）转让形式获取资金时，信托公司处理方式存在差异。有的信托公司将其设立为资金信托项目，有的则是财产信托项目，而作为财产信托处理时，便游离于目前人民银行统计和监测范围。但是从其实际运作看，不少收益权信托“借财产信托之名，行资金信托之实”。有的信托公司虽作为资金信托，但该资产投向往往被统计为“股票及其他股权”、“其他金融资产”等，因而也不被计入社会融资规模。

（二）机构覆盖不全，部分统计信息缺失，一定程度低估社会融资规模总量

金融业综合统计尚在研究、试点阶段，目前我们“理财、资金信托专项统计”还只能采集银行业金融机构数据。但是随着外部监管政策变化，券商资管、基金专户以及保险资管等业务逐步放开，规模快速增加。据中国证券业协会公布数据显示，2011年末，证券业受托管理资金本金总额仅为2818.68亿元，但2012年一路飙升，2012年6月末、9月末，已分别达4802.07亿元和9295.96亿元，其中主要是以票据类和信贷类代表的银证合作“通道业务”。这些资金投向了企业，应包含在社会融资规模统计中，但由于信息缺失尚无法计入。当然，对于那些对接信托计划（资金信托）的定向资产管理业务，我们依托“理财、资金信托”系统可掌握相关信息，但没有对接的，则无法跟踪资金投向。

（三）资金跨机构、跨市场流动、划转，影响货币供应量统计监测

当前金融业务、金融产品创新具有节奏快、周期短、结构复杂、影响面广的特点，资金可以通过商业银行的实际操作在表内与表外之间、存款负债与非存款负债之间、存款类机构和非存款类机构之间灵活划转，导致银行表内资产负债波动性加剧，从而加大了对货币供应量M1和M2的监测的难度。从2011

年来M1和M2的数据看，增速“季末提高、季初回落”的迹象明显。尤其是部分资产负债均在表外、具备信用创造功能的理财产品，由于难以了解和控制其资金流向，对货币供应量的影响程度可能更大。以理财产品为例，不同阶段对货币供应量影响不同。当理财产品在认购期时，以储蓄存款认购的，不影响货币供应量总量或层次；企业存款则由于定期存款计入M2，而活期存款计入M1，因此在认购期时的企业理财产品，会使原先以定期存款形式存在的企业存款的货币层次发生变化，由M2变为M1。当理财产品进入起息期时，以非存款科目核算的理财资金会极大地分流存款，使货币供应量虚减。当理财资金投向银行同业存款时，由于银行同业存款未纳入货币供应量统计（非存款类金融机构在存款类金融机构的存款才计入），但实际上银行同业存款目前在很大程度上弥补着银行信贷资金的不足，发挥着存款创造的功能，因此直接导致货币供应量低估。此外，证券公司推出的针对个人客户的国债逆回购业务，实际是将客户资金通过国债市场拆出，其资金流动也对货币供应量统计产生运行。

（四）融资渠道拓宽，对货币政策传导产生影响

现阶段信贷渠道仍然是我国货币政策传导的主要渠道。信贷渠道的发挥必须具备两个基本条件：一是对银行而言，贷款与证券之间不能完全替代，存款与其他负债不可完全替代；二是对借款者而言，银行贷款与其他融资来源之间不能完全替代。然后随着金融创新的推进，信贷传导渠道的基本前提假设出现动摇。一是对银行而言，贷款与证券、存款与其他负债的替代性增强。二是对借款者而言，银行贷款与其他融资来源之间的替代性增强，企业对贷款的依赖性减弱。随着金融市场的日益发达，企业融资渠道日趋多样，货币政策信贷传导渠道的有效性正逐步减弱。例如，对地方政府融资平台清理、房地产业宏观调控以来，平台企业和房地产企业贷款融资难度加大，加上银行规模趋紧，不少企业转向资本约束相对低的非银行机构，通过信托贷款、银信合作的信托收益权融资以及银证合作的定向资产管理计划融资。从调查看，通过定向资产管理计划融资，可根据企业融资需求灵活设定，融资资金可用于流动资金周转、置换银行贷款、项目建设等，主要营销对象为三类：一是已有存量信贷的企业置换存量贷款或者满足新增融资需求；二是发行短期融资券或中期票据到期的企业在续发相关债务融资工具中的过桥资金需求；三是已有存量授信，且担保方式为信用、保证或抵押的监测类优质政府融资平台企业融资需求。

2013年江西省农村居民问卷调查报告

中国人民银行南昌中心支行调查统计处

为深入了解当前江西省农村居民家庭收支状况、把握农村居民消费经济行为、掌握对农产品价格预期变化等情况，人民银行南昌中心支行调查统计处于采取随机抽样、上门入户的方式，对全省11个设区市[①]的78个县（市）的793户农村居民家庭[②]进行了专项问卷调查。问卷调查结果显示：

一是农村居民家庭收入：四成农村劳动力人口外出打工，打工收入成为农村居民家庭主要收入来源；农户收入水平有所提高，超半数农户对未来收入增长预期较为乐观。

二是农产品与农资价格：五成农户预期2013年农产品价格总体上涨，农产品价格上涨压力初显；农资等农业生产成本高涨，冲抵农产品价格上涨给农民带来的收益，种养积极性有所下降。

三是农户家庭民间借贷：农村居民家庭民间借贷尚不活跃，民间借贷比例仅二成；借贷金额以5万元以下的小额借贷为主，期限多为1年期以内的短期借贷；七成民间借贷年利率水平低于12%，民间借贷利率基本稳定，保持了相对合理水平，未超过人民银行规定的1年期贷款基准利率（6%）的4倍。

一、打工收入成为农户主要收入来源，超半数农户对未来收入增长预期较为乐观

（一）四成农村劳动力人口外出打工，打工收入成为农村居民家庭主要收入来源

从调查的农户家庭人口结构来看，外出打工人口约占调查农户家庭劳动力人口的41.91%。从收入来源构成情况来看，57.25%的调查对象认为“打工收入”是家庭收入的主要来源，有46.53%的农户认为“种植业收入”为家庭收入的主要来源，“种植业收入”则成为农村居民家庭收入的第二来源，排名第三的为“养殖业”，其占比为32.66%。

① 江西省11个设区市为南昌、九江、上饶、赣州、抚州、宜春、吉安、萍乡、新余、鹰潭、景德镇。

② 调查样本含种植户和生猪养殖户。

图 1　江西省农村居民家庭主要收入来

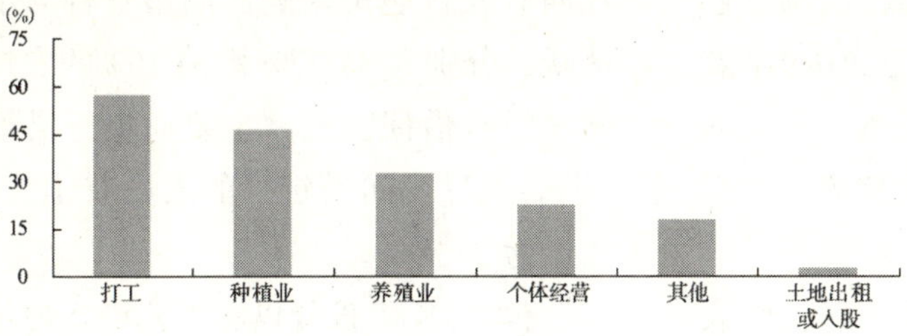

数据来源：江西省 2013 年农村居民调查问卷。

江西省是传统的农业大省，农村居民家庭收入的主要来源一直以来都是“种植业收入”，而此次调查结果显示“外出务工收入”已替代“种植业收入”成为江西省农村居民家庭收入的主要来源，表明江西省农村劳动力从农业向非农产业转移，特别是向沿海地区的第二、第三产业转移带来的收入可观，对农民收入增长的贡献作用十分突出，促进了农村居民家庭收入的快速增长。

（二）农户收入水平有所提高，超半数农户对未来收入增长预期较为乐观

从月平均收入水平来看，月收入水平在 1000 元以下的农户家庭占比为 15.38%，月收入水平在 1000~3000 元的农村居民家庭为 43.51%，有 33.17%的农村居民家庭月收入水平在 3000~8000 元，另有 7.94%的农户家庭月收入水平超过 8000 元。整体来看，江西省农村居民收入水平在一定程度上呈中间大、两头小的“橄榄形”分布。

2012 年宏观经济形势有所好转，农户外出务工收入、种养殖收入亦有所增加，有 47.92%的调查农户表示目前家庭收入比半年前有所增加，并对未来收入增长持乐观态度，调查显示，有 53.72%的农户预计 2013 年的收入将比现在有所增长，认为未来收入“基本不变”的为 29.13%，预计收入有所“减少”的仅占 3.53%，另有 13.62%的农户家庭对未来收入表示“看不准”。

二、农产品和猪肉价格看涨，通胀预期初显，农资成本高涨冲抵农产品价格上涨带来的收益，种养积极性有所下降

（一）五成农户预期 2013 年农产品价格总体上涨

有 36.70%的农户认为当前农产品价格偏高，认为当前农产品价格适度和较低的分别占 29.51%和 29.76%。基于目前价格信息，被调查的农户还对 2013 年农产品价格走势进行了判断——52.59%的农户认为 2013 年农产品价格总体会“上升”，仅有 4.92%的农户选择“下降”，27.74%的农户认为“基本不变”。值得注意的是，农户预期农产品走势上升的占比较上年调查结果上升了 6.65 个百分点，农产品价格上涨预期初显。

（二）农资等农业生产成本高涨，冲抵农产品价格上涨给农民带来的收益，种养积极性有所下降

调查显示，高达 72.01%的农户认为

当前农资[①]价格“偏高”，认为农资价格“适度”的农户比例为20.93%，仅有1.26%的认为农资价格“偏低”；调查还显示，有56.49%的农户认为2013年农资价格将“上升”，认为“基本不变”的占23.71%，另有16.52%的农户表示“看不准”农资价格走势。

近年来农产品价格有所上涨，给农民带来了一定的收益，但化肥、农药、农用薄膜等农资价格持续高位，农业生产成本大幅度增加，虽然补贴力度有所增加，但基本冲抵了农资上涨所产生的价差。加上人工成本、运输费用、农机具维护费用的上升又直接导致农业生产服务价格的上涨，这在一定程度上抵消了农产品价格的上涨给农民带来的收益，直接或间接影响了农民从事农业生产的积极性。

调查显示，有40.98%的农户表示2013年“不打算”扩大种养规模，2.9%的农户打算减少种养规模，28.50%的表示“不确定”是否扩大种养规模，仅27.62%的农户有扩大种养规模的意愿。上述数据表明，农户种养积极性出现不同程度的下降。

三、二成农村居民家庭有民间借贷行为，借贷以短期小额为主，利率水平相对合理

（一）农村居民家庭民间借贷尚不活跃，民间借贷比例仅二成

农村居民家庭借贷的形式已随需求的多样化呈现出多元化特征，除了与银行之间发生借贷关系之外，还与居民之间、企业之间存在借贷关系。调查显示，江西省农村居民家庭民间借贷行为不甚活跃，分别有45.27%和31.15%的农户目前“没有借债”或“主要向银行借款”，“主要通过民间借贷”的农户有187户，占比为23.59%。

（二）民间借贷以5万元以下的小额为主，期限多为1年期以内的短期借贷

从民间借贷金额分布来看，借贷金额在5000元以下的占29.41%，5000元至3万元的占44.39%，3万元以上的占25.67%；从民间借贷期限来看，1个月及以内的占10.16%，1~6个月和6~12个月的分别为30.48%和40.11%，12个月以上的占25.67%。

（三）七成民间借贷年利率水平低于12%，民间借贷利率基本稳定，保持了相对合理水平

从借贷利率结构来看，民间借贷年利率（折算后）在10%~20%不等，其中有75.41%的借贷利率水平在“12%以下”。具体而言，年利率在“8%以下”和“8%~12%”水平的分别占33.16%和42.25%，在“12%~16%”和“16%~20%”水平的分别占12.83%和7.49%，“20%以上”的占比仅为1.60%，全省农村居民家庭民间借贷利率基本稳定，保持了相对合理水平。

（四）民间借贷用途以建房买房为主，农业生产和个体经营为辅

调查显示，江西省农村居民家庭民

① 包括种子、化肥、农药、农膜、农机具等农业生产资料。

图 2 江西省农户家庭民间借贷资金用途

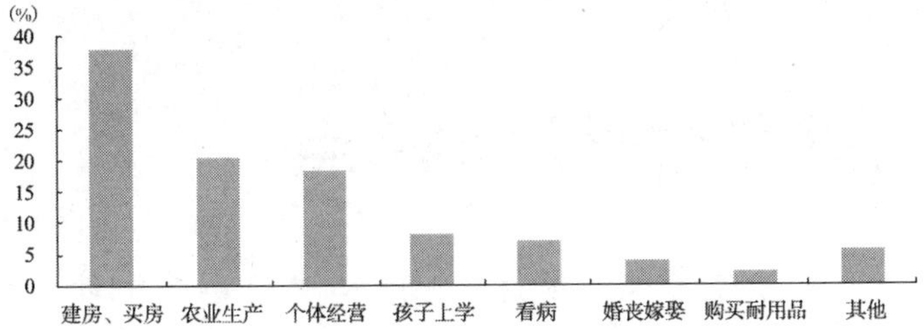

数据来源：江西省 2013 年农村居民调查问卷。

间借贷资金用途呈多元化趋势，其中用于“建房、买房”的居多，其占比达 37.43%，民间借贷用于“农业生产”和“个体经营”的分别占 20.32%和 18.19%，用于“孩子上学”、“看病”、“婚丧嫁娶”等用途的比例均低于 10%，而用于“投资股票或商品”的为 0。

整体而言，江西省农村居民家庭民间借贷尚不活跃，以 5 万元以下的小额借贷为主，借贷期限多为 1 年期以内的短期借贷，年利率水平基本稳定，（加权）平均年利率约为 10.34%，保持了相对合理水平，未超过人民银行规定的 1 年期贷款基准利率（6%）的 4 倍。

四、政策建议

（一）建立农资价格稳定机制，保护农民种养积极性

一是政府要加大农资市场价格监测力度，规范农资企业生产，切实降低农资出厂价格，确保农业生产资料市场价格基本稳定；二是要建立农资价格稳定机制，控制农资流通环节的加价行为，对价格异常波动适时实施指导价格或对农民进行补贴，避免农资价格出现大幅波动，保护农民种养积极性。

（二）落实好农业各项补贴政策，确保补贴及时足额发放到户，增加农民的转移性收入

要按照中央有关文件精神，全面落实支农、惠农政策，保障农民享有的权利，提高农民的转移性收入。

（三）在稳定农产品价格基础上，拓展农民收入增长空间，提高农户家庭非农收入比例

要构建农民增收的长效机制，拓展农民收入增长空间，通过劳动力转移、多种经营等方式，提高农户家庭打工收入、经营收入等非农收入的比例，挖掘农民收入增长潜力，保持农民收入持续较快增长。

甘肃省农户民间借贷行为特点

中国人民银行兰州中心支行调查统计处

为了了解甘肃农户民间借贷的情况，2013年一季度，人民银行兰州中心支行在甘肃省抽样选取了750户农户进行了民间借贷情况的问卷调查。

750户农户中存在民间借贷行为的有355户，占比为47.33%，其中偶尔存在的占31.47%，一年几次的占8.80%，长期存在的占7.07%。在发生民间借贷的农户中，以没有任何抵押为主，占58.87%，以房地产作抵押的占18.59%，以交通工具、农机器具等移动工具作抵押的占11.83%。调查显示，甘肃省农户民间借贷有以下特点。

一、借入资金的主要途径为亲朋好友

当农户有紧急资金需求时，由于正规金融机构贷款手续烦琐，且严格限制贷款用途，以致民间借贷特别是向亲戚朋友或邻里及村民借款成为化解燃眉之急的最佳途径。从资金借入情况看，选择向亲戚朋友或邻里及村民借贷的占80.38%，而选择从典当行、担保公司和地下钱庄或个人借入的分别占13.96%和4.91%。在实际调查中，农户认为出于亲缘或人情关系，选择向亲戚朋友或本村乡邻间借钱成本低、效率高，能满足不时之需。

二、借贷资金用途更趋向于生活性借贷

尽管近几年来农村经济快速发展和农户收入水平不断提高，农业生产经营方式发生了较大变化，但大部分农户借贷资金的用途依然是生活性借贷。近年来，随着新农村建设步伐的加快，农户改善住房的愿望比较迫切，在住房建设方面投入加大，但由于甘肃农民收入水平还处在较低水平，相当部分的农户修建住房需借入一定比例的资金。同时，由于教育体制的改革，农户教育投入的加大，尤其是农村多子女家庭。调查显示，农户将民间借贷资金用于改善住房和子女上学的占比最高，分别占20.51%和17.58%，其次是归还银行贷款占

12.09%。另外，随着农业生产经营方式的变化，进行大棚农业、精耕细作等农户农业生产的前期投入也在加大，民间借贷用于农业生产、购买农机器具和生产原材料采购分别占 11.72%、10.62%和 8.06%，投资中小企业的占 5.86%。

三、借贷规模向大额化和长期方向发展

在传统消费理念下，除生产或应急资金需求外，农户一般不会举债消费，但随着城乡一体化进程的加快，农户经营的多元化对资金需求金额也呈现大额化特征。调查显示，农户借入资金在 1 万元以下的仅占 18.42%，在 3 万元以上的占 35.72%，但以 1 万~3 万元居多，占 45.86%。借入期限以 1 年以上和 6 个月至 1 年的居多，分别占 32.08% 和 29.81%。从借出资金看，金额在 1 万元以下的仅占 32.76%，在 1 万~5 万元的占比高达 51.15%。借出期限以 1 年以上和 6 个月至 1 年居多，分别占 31.82%和 28.41%。此外，调查中 38.49%的农户借入资金较上年增加；在有借出资金的农户中，借出金额较上年不变的占 50.58%。

四、借贷利率定价区间较大，利息自行约定，三分之一的借贷无利息

当前农村民间借贷的定价机制灵活，定价区间较大。一是利率随行就市，没有固定的利率标准；二是视借贷双方关系亲疏而定，血缘关系很近的亲戚之间一般不需要支付利息；三是借款用途是确定利率的重要依据，如果用于求医治病、婚丧嫁娶等应急性需求，一般不需支付利息，存在明显的互助性。对 355 户有民间借贷行为的农户调查统计，不需要支付利息的有 77 户（占 28.95%），以银行存款利率为基准的占到 1/3，其中月利率是 2‰~3‰和 0~2‰分别占 16.17% 和 15.04%，以银行贷款利率为基准的占到 20%多，其中月利率是 7‰~8‰的占 18.05%。借贷利率与 2012 年同期基本不变，选择借入资金月利率与 2012 年基本不变的农户占 76.15%。自行约定利率的有 243 户（占 68.45%），利率为同期银行贷款一定倍数的有 49 户（占 13.80%），参照专业民间借贷标准和典当行标准的分别占 7.89%和 5.92%。借贷利率总体比较适中甚至优惠，但少数借贷利率仍较高，存在潜在风险隐患。

执笔：刘红艺

湘潭城市居民消费水平发展状况

中国人民银行湘潭市中心支行调查统计科

2006年至2011年湘潭市城镇居民消费性支出增速趋缓，但消费结构变动趋于合理。

一、城市居民实际消费性支出增速趋缓

2005~2011年六年中湘潭市人均消费性支出年均实际增速为7.86%，其中2009年增速最快，为14.85%。2011年湘潭市名义消费性支出虽比上年增长9.09%，但剔除价格因素后实际增幅仅为3.63%。

1. 人均消费性支出增速低于人均可支配收入增速，居民消费意愿不强。2005年至2011年人均消费性支出年实际环比增速明显低于人均可支配收入。

2. 居民消费率偏低且呈下降趋势。2005~2011年湘潭城镇居民消费率呈下降趋势，2011年湘潭城镇居民消费率为23.93%，比2005年下降4.55个百分点。湘潭居民消费率和城镇居民消费率明显偏低。

二、居民消费结构变动趋于合理

1. 生存性消费小幅下降。2005年食品类支出占消费支出的比重为37.3%，2009年升高至39.3%，2009年、2010年下降至33.4%，2011年回升至36.0%；衣着类基本上稳定在9%左右的水平。

2. 发展性消费起伏不定。用于开发智力，培养美育、德育，增强体质等需求的教育文化娱乐、医疗保健和杂项商品与服务支出，受政策方面影响较大，该类消费处于一种上下波动、起伏不定的态势。

3. 享受消费逐步上升。属于满足生活舒适、爱好、增强生活情趣等需求的居住、家庭设备用品及服务、交通通信支出，比重随着收入的提高和总支出的增长而逐年上升。

执笔：王定芳

关于广西食糖产销现状及困难的调查分析

中国人民银行南宁中心支行调查统计处

广西食糖产量占全国总量的60%以上，制糖业也是广西的优势产业和支柱产业之一。为了解广西2012~2013榨季糖业产销经营情况，人民银行南宁中心支行对广西糖业发展现状进行了分析，并对广西辖内5个食糖产区（贵港、百色、钦州、来宾、崇左）25家糖厂的生产经营情况开展了问卷调查。结果显示，食糖产量增长至5个榨季的新高，但糖价连续两个榨季低迷，糖企利润下滑，制糖行业成本高、价格竞争力弱是制糖行业面对的主要困难。

一、2012~2013榨季广西食糖产销情况

食糖产量恢复性增长。截至2013年3月末，广西累计入榨原料蔗6315万吨，较上榨季增加了548万吨，增幅9.5%；产糖736.9万吨，同比增加10.7%。广西食糖产量在2007~2008榨季达到941万吨后，连续4个榨季下滑，最近两个榨季食糖产量出现了持续回升势头，2012~2013榨季广西食糖估产在780万吨左右，为近5个榨季以来的新高。

糖企产销比较顺畅。截至2013年3月末，广西新糖累计销糖371.2万吨，产销率50.4%，同比增长8.5%；在本榨季进行的企业调查中，平均新糖库存率在50%以上的企业占60%，其中库存超过70%的占28%，分别较上榨季调查下降了3.42%、1.27%，在食糖小幅增产的情况下，食糖产销相对顺畅。

糖价连续两个榨季低迷。2012~2013榨季，食糖价格从2012年11月榨季初期的6100元/吨持续下滑到2013年3月的5500元/吨，较上一榨季最高的7100元/吨下跌了将近23%，食糖价格从2011~2012榨季持续下滑的走势仍然未得到有效改观，食糖价格低迷现状已经持续了近两个榨季。

糖企利税贡献下滑明显。由于食糖

价格持续下滑，糖企盈利能力下降明显，利税贡献程度降低，2013 年一季度广西制糖行业累计亏损 1.16 亿元，自 2007 年后首次出现亏损。人民银行南宁中心支行监测的 15 家糖企，2013 年一季度利润为–0.59 亿元，同比下滑 115.65%；净利润–0.76 亿元，同比下降 124.44%；实交增值税 1.13 亿元，同比减少 52.32%。

二、当前广西制糖行业存在的困难

2012~2013 年制糖期全球食糖产量预计达 1.804 亿吨，同比增加 3.2%，预期全球食糖过剩量由 230 万吨上调至 852.6 万吨。食糖增产导致食糖价格回落，食糖价格持续低迷给广西制糖行业经营带来了一定困难，也把广西制糖行业成本高的竞争劣势突显出来。

（一）种植成本只增不减，导致蔗农收入增长空间降低

近年来，甘蔗种植成本呈现持续上涨趋势，甘蔗收购价增加幅度不能有效补偿种植成本的大幅上涨。以崇左产区为例，2012 年末农资价格（含化肥、农药），蔗种、土地成本比 2010 年分别上升 36.08%、34.88%、25%，而 2012~2013 榨季甘蔗收购价比 2010~2011 榨季增加 65 元/吨，仅上升 15.85%，价格补偿率不高。目前甘蔗单季种植成本（含砍蔗人工）为 1520 元/亩左右，以 2012~2013 榨季的 475 元/吨计算，每亩种植收入 2138 元（每亩平均产蔗 4.5 吨），扣除种植成本每亩净收仅 618 元，种植效益偏低；一户双劳力的家庭种植面积在 40 亩左右，种植净收入约 25000 元，每人月均 1000 元左右的收入明显偏低。

（二）甘蔗统一收购价政策下，糖企原料成本变动弹性低

调查显示，2012~2013 榨季制糖企业平均吨糖不含税成本为 4920 元/吨左右，按照 475 元/吨统一的甘蔗收购价，每吨糖的甘蔗成本在 3800 元左右，比重占 77.24%；2010~2011 榨季、2011~2012 榨季统一收购价 410 元/吨、500 元/吨，每吨糖的甘蔗成本占平均吨糖不含税成本的比例为 68%、76.41%，在企业食糖生产成本中，原料蔗成本占了较大的比例。

实行甘蔗统一收购价，保证了蔗农一定的利益，但也锁定了糖企的成本，企业成本调节能力弱，导致制糖成本弹性低。2013 年 3 月，国内食糖市场价格维持在 5500 元/吨左右，较 2010~2011 榨季最高的 7100 元/吨下跌了将近 23%；而企业的原料蔗成本却由 2010~2011 榨季的 410 元/吨，上涨到 2012~2013 榨季的 475 元/吨，上涨了 15.85%。食糖价格持续下跌时，原料蔗成本却上升，企业无法灵活调节成本。调查显示，制糖企业平均吨糖含税成本为 5662.87 元/吨，其中 54.17%的糖企平均吨糖含税成本超过 5600 元/吨，当前食糖现货价格 5500 元/吨左右，大部分企业经营存在倒挂现象。亏损程度也呈现扩大趋势，受调查的制糖企业每销售吨糖产生亏损的占 60%，其中每销售吨糖亏损超过 10%的占 28%，而上榨季此比重仅为 4.88%，同比增加了 23.12%。

（三）规模化、机械化程度低，产业链短，导致广西制糖行业无法有效降低生产成本

中国、澳大利亚、泰国蔗农的户均甘蔗产量为3吨、1000吨、80吨，中国蔗农的户均土地规模仅为泰国的3%、澳大利亚的0.5%，国内甘蔗种植小农经济成分比重大，导致种植效率偏低。广西蔗区也面临同样困境，由于规模化、机械化程度不高，在新增土地数量有限的情况下，原有土地生产效率难以提升。近几年，广西一直在摸索通过流转形成土地的规模化生产，降低种植成本的路径。目前广西蔗区1600万亩耕地，可通过流转形成规模化生产的土地约500万亩，但370万亩整治后的耕地，仅有20万亩左右真正流转出去，流转数量有限就从根本上制约了蔗区的规模化生产、机械化提高，导致制糖行业无法有效从源头降低糖料蔗种植成本。

从制糖环节来看，中国、澳大利亚、泰国的单厂平均日榨能力分别为6000吨、10000吨、13000吨；中国、澳大利亚厂均用工数分别为1000人左右、150~200人左右，国内制糖企业也无法有效从机械化、规模化的途径来降低成本。调查显示，25家制糖企业2012~2013榨季总日榨生产能力共794万吨，较上榨季的681万吨增加了16.59%，而榨季平均日榨能力20.19万吨，较上榨季的19.8万吨仅增加了1.97%，低于增加的产能14.62个百分点，企业的产能利用率不高，企业产能净损耗高。同时，广西的制糖企业产业链延伸不够，制糖企业单纯依靠扩大食糖、酒精等附加值低的初级产品产能来扩张企业经营，而没有有效扩展如食品加工业、酒类产品等附加值高的产业，导致企业经营盈利能力差，无法有效转移糖料蔗成本高的压力。

（四）企业应对食糖市场价格变动调节能力差，被动接受市场价格下滑

与巴西、澳大利亚、泰国甘蔗产区相比，广西甘蔗生产的基础自然条件相对较差，种植的机械化方面处于劣势，造成了产糖效率低和人工成本高，糖业竞争先天优势不足。再与国外制糖行业规模化高形成的低成本优势比较，广西制糖行业成本高、价格竞争力弱的劣势凸显。据海关数据，2013年1月，我国食糖进口平均价格为每吨508.5美元，完税后价格仍不到每吨5000元，低于1月5563元/吨的南宁现货价格。

国内外食糖价差大，较大的价格空间导致进口糖数量大幅上涨，扩大了国内供需的不平衡，同时食糖进口价格自2012年下半年以来持续回落，国内糖企只能被动接受国际糖价下滑的冲击。调查显示，45.45%的糖企认为，食糖进口量大幅上涨是持续推低糖价的主要影响因素。2009年到2012年的全国食糖进口量分别为106.5万吨、176.6万吨、291.9万吨、374.72万吨，呈现了大幅上涨趋势，2012年全年食糖进口量比全年进口配额总量194.5万吨，多增加近92.66%。此外，受巨额差价的诱惑，东南亚食糖大量走私进入国内，且难以有效统计走私糖的数量，也对国内食糖价格冲击较大。

三、制糖行业发展对广西工业经济的影响

制糖行业既是广西的传统优势产业，又是广西的支柱行业。广西近2000万名农民从事糖料蔗种植，占农业总人口50%左右；有33个县（市、区）被农业部列为糖料蔗优势区域；有103家糖厂，制糖业从业人员10多万人。广西制糖业集农业、工业为一体，对广西的工业发展、利税贡献、农民增收等方面作出了突出贡献。

从总量[①]来看，2008年以制糖为主的食品产业成为广西首个超千亿元产业，2012年食品产业又率先突破2000亿元。2012年，广西制糖行业增加值同比增长16.5%，高出工业增速0.6个百分点，实现工业总产值605.86亿元，较2007年的298.81亿元翻了一番，制糖行业一直处于广西工业经济的重要地位。从盈利贡献来看，2012年制糖行业实现利税总额85.54亿元，占工业企业利税总额的5.85%；实现利润51.8亿元，比有色金属冶炼、水泥、电力行业分别多盈利46.4亿元、16.05亿元、11.17亿元，占工业企业利润的6.92%，近5年行业利润平均占工业利润的8.75%，制糖行业的整体经营效益较好，对工业企业的利润贡献度较高。从农户效益来看，工业反哺农业，促进农民增收。截至2013年3月末，2012~2013榨季入榨原料蔗6315万吨，以475元/吨甘蔗收购价计算，蔗农收入将突破300亿元。

① 制糖业和工业的数据口径均为规模以上企业，下同。

新疆番茄酱加工企业面临亏损　银行信贷资金风险加大

中国人民银行乌鲁木齐中心支行调查统计处

新疆是中国最大的工业番茄加工基地，加工番茄酱总产量占全国的七成左右。人民银行乌鲁木齐中心支行组织巴州、石河子市、伊犁州、昌吉州、博州5个番茄主产区就番茄酱加工企业生产经营及信贷情况开展了深入调查。调查显示，新疆番茄加工业困境多，引致银行信贷资金安全受威胁。

一、调查样本情况

调查选取了9个县（市）作为重点调查样本县，共选取34户番茄加工企业进行典型调查，被调查企业2012年共生产番茄酱25.36万吨，约占全疆产量的六成。

二、新疆番茄酱加工企业普遍处于亏损状态

调查显示，2012年被调查的34户企业番茄酱主营业务收入23亿元，同比减少45%，其中，88%的被调查企业番茄加工主营业务收入同比下滑，约一成被调查企业主营业务收入同比减少80%以上。

三、原因分析

（一）番茄种植面积及番茄产量锐减，原料不足导致番茄加工企业生产经营困难

2012年，全疆番茄种植面积约40万亩，同比锐减近43%，又因遭受严重旱情导致番茄产量大幅下降，致使新疆生产番茄酱仅近44万吨，同比下降51%，以上两项指标均创2003年以来新低。五大龙头企业中粮屯河、中基番茄、昊汉集团、天业股份、冠农股份生产番茄酱总计近24万吨，同比减少近58%。据不完全统计，2012年新疆110家番茄酱生产企业中，停产企业达23家，占比21%。被调查的34户企业中，两成被调查企业2012

年未开工，五成以上被调查企业番茄加工设备利用率不足50%。例如，石河子市××食品有限公司生产期仅为12天；奎屯市新疆××番茄制品有限公司和新疆××酱业有限公司设备利用率不足30%。

（二）2011年旧酱库存多，2012年新酱销售存在较大压力

2012年，新疆累计出口番茄酱约65万吨，同比下降24%，番茄酱出口量近10年来首次出现下降。调查显示，有八成以上的被调查企业2012年一并销售2011年旧酱，六成以上企业2011年旧酱库存大于2012年新酱产量，个别企业甚至还有2010年旧酱库存。

（三）番茄加工企业普遍存在产销价格倒挂现象，企业普遍面临一出售就亏损的困局

由于企业期间费用、人工成本及出口仓库管理费用上涨，番茄酱加工企业始终处于产销价格倒挂困境，几乎连续三年亏损。例如，新疆××番茄酱有限责任公司的外销平均销售成本为5660元/吨，外销平均销售价格为4500~4600元/吨，每吨亏损约1200元；新疆××股份有限公司番茄酱平均销售成本为6660元/吨，平均销售价格约为5481~5670元/吨，每吨亏损约1000元以上。

四、番茄加工企业普遍亏损，银行信贷资金安全风险加大

（一）个别番茄加工企业大面积停产，银行信贷资金出现不良及逾期

因经营不善、举债多，个别企业已出现无法还本付息的问题。例如，××番茄制品有限责任公司，由于近三年来经营策略出现严重问题，企业生产已处于停止状态，该企业银行信贷资金不良贷款达5.40亿元，不良率为87%。

（二）番茄全行业连续三年亏损，且企业贷款回收期明显延长，银行信贷资金安全风险加大

虽然当前金融机构对番茄制品加工业企业发放贷款非常谨慎，但当前未到期信贷资金安全仍存在一定风险隐患。截至2013年3月末，被调查的企业贷款余额为54.27亿元。由于约九成被调查企业连续三年亏损，企业支付能力和资金周转能力受到诸多影响，加之受下游销售企业销售状况欠佳，被调查企业应收账款回收期普遍延长，信贷资金安全风险加大。

（三）番茄加工企业现场支付原料款不足，给农户归还银行信贷资金带来较大压力

由于番茄加工企业处于亏损状态，部分原料款支付困难。约七成被调查企业存在资金缺口，其中有六成企业资金缺口占流动资金50%以上，生产经营受到较大影响。

执笔：韦志华　梁非坤

人民币国际化的比较优势、制约因素和路径设计

中国人民银行济南分行调查统计处

探讨人民币国际化战略，应基于我国在经济实力、贸易实力、币值稳定性以及金融体系发展程度等方面所具备的优势与不足，确定人民币国际化以何领域为突破口、履行何种职能、采取何种策略。

我国的贸易大国地位派生出了国外对人民币的巨大需求，以贸易领域为突破口推动人民币国际化，是实现人民币国际化战略的必然选择。当前我国主要贸易区域可大体分为四块：一是欧、美、日、英等发达经济体，二是东盟、韩国及澳大利亚等亚太地区近邻，三是俄罗斯、印度等新兴市场国家，四是国内的港澳台地区。人民币在短期内难与美元和欧元抗衡，也无法取代英镑和日元。比较而言，在东盟、港澳台、亚太地区以及新兴市场国家推动人民币履行计价结算职能，是人民币国际化的重要突破口。

当前人民币国际化也面临一些阻力，除外部阻力外，还存在四个方面的内部制约因素。一是人民币在资本项下尚未实现可自由兑换；二是我国以加工贸易为主的对外贸易方式，不利于人民币在国际贸易领域履行计价结算职能；三是我国对外贸易市场份额优势无法转化为货币优势；四是人民币国际化的微观基础不牢。

基于我国所具备的优势和不足，在人民币国际化初期阶段，应针对不同目标市场采取以下三种策略。一是在区域市场内实行“计价结算+对外投资+离岸市场”模式，二是在远端市场实行“计价结算+投资援助”模式，三是在亚洲范围内推行石油等国际大宗商品人民币计价结算。

一、我国与主要贸易伙伴的各项实力对比

（一）经济实力对比

从经济总量看，2010年我国超过日

本成为全球第二大经济体，2012 年 GDP 总量达到美国的 52.7%。我国成为全球第一大经济体的时间也不会太遥远。从经济增速看，我国经济持续快速增长。1979~2011 年，GDP 年均增长率为 9.9%，不仅高于同期全球 2.9%的年均增速，也高于同期美、日、欧以及主要新兴市场国家的经济增速。但从人均 GDP 看，我国与世界平均水平和发达国家水平相比差距仍然较大。按当期美元价格计算，2012 年我国人均 GDP 为 6075.8 美元，仅为美国的 12.2%。

（二）贸易实力对比

衡量一国贸易实力的指标主要有国际贸易市场份额、国际贸易产品差异化程度两大类。

从国际贸易市场份额看，截至 2011 年我国进口和出口占全球的比重分别为 8.8%和 9.5%，是全球第一大出口国和第二大进口国，进出口贸易额位居全球第二。截至 2011 年 6 月，我国已成为欧盟、日本、韩国、东盟、澳大利亚、印度、俄罗斯等国家（地区）的第一大贸易伙伴国，是非洲的最大贸易伙伴国，中国大陆是中国台湾、中国香港的第一大贸易区域。

从贸易产品的差异化程度看，在我国进口贸易中，来自发达经济体商品的差异化程度明显高于发展中经济体和金砖国家。在出口贸易中，我国对发达经济体出口产品的差异化程度也明显高于发展中国家和转型国家。总体而言，我国出口贸易中差异化产品占比大于进口贸易。

（三）货币实力对比

从以通胀率衡量的一国货币对内价值的稳定性看，主要发达经济体的通胀率普遍低于我国，而转型国家和经济发展水平低的国家通胀水平普遍高于我国。

从以汇率波动衡量的一国货币对外价值的稳定性看，目前人民币汇率浮动区间扩大，实际有效汇率波动程度比大部分发展中国家低，与大多数发达经济体大致相当。

（四）金融市场深化程度对比

国际上通常用国内金融机构对私人部门信贷额占当期 GDP 的比重来衡量一国金融市场深化程度。按该指标衡量，我国金融深化程度处于发达国家和发展中国家之间且有不断提高的趋势。

货币交易成本是衡量一国金融市场深化程度的另一指标。以外汇卖出价与买入价之差除以中间价衡量的货币交易成本看，人民币的交易成本虽低于大部分发展中国家货币，但远高于主要发达经济体货币。以一国货币在全球外汇市场上的交易量看，美元交易量份额占比达 80%以上，欧元、日元、英镑分列其后。近些年来人民币交易量不断增加，由 2004 年的 0.1%提高到 2010 年的 0.9%，但远低于以上四种关键货币，也低于加拿大元、港元、韩元、新加坡元等。

二、人民币与主要贸易伙伴国货币竞争力比较

（一）人民币与美元、欧元、日元等主要国际货币的比较

与美国和欧盟相比，支撑人民币竞争力的各个方面均没有优势，从这两个市场推进人民币国际化是不现实的。

与日本和英国相比，我国在经济和贸易规模方面略显优势，但在币值稳定性方面，人民币仍逊于日元和英镑。此外，英镑和日元分别有160多年和30多年的国际化历史，有伦敦和东京两个全球金融市场支撑，网络外部性优势明显。同时，这两个国家还拥有一定规模的、生产网络遍布全球并具有产品定价权的跨国公司。所以，人民币在对英国和日本的贸易中难以取代英镑和日元。

（二）人民币与亚太地区其他国家（地区）货币的比较

与第三大贸易伙伴东盟及其各成员国相比，我国内生经济条件和外生制度因素的优势较为明显。我国与东盟地域相邻便于构建人民币清算网络，再加上东亚缺乏起主导作用的本土国际货币，所以推动人民币在我国与东盟贸易中履行计价结算职能是人民币国际化的主要突破口。

与韩国、澳大利亚等亚太近邻相比，我国除金融市场深化程度方面没有优势外其他方面皆有明显优势。在对这两个国家的贸易中人民币有充当计价结算货币的潜在优势。此外，人民币在港澳台地区经贸往来中有较大的使用空间。

（三）人民币与金砖国家及其他地区货币的比较

自2002年起俄罗斯、印度、巴西和南非等金砖国家同我国的经贸往来日益密切，此外非洲地区也日益成为我国的重要贸易伙伴。与这些国家相比，我国在经济、金融、货币等方面都有明显优势，这也是人民币突破周边领域在全球范围内发挥国际贸易计价结算职能的主要窗口。

三、人民币国际化的制约因素

在美元主导的国际货币体系和全球经济金融治理结构下，新兴市场国家经济发展面临诸多外部挑战，人民币的成长环境也很复杂，人民币国际化面临诸多外部阻碍力量。同时，人民币国际化还面临着一些内部制约因素。

（一）资本项下可自由兑换程度低是制约人民币国际化的重要因素

短期内中国资本项目难以完全开放。资本项目不可自由兑换既会提高人民币的交易成本又会增加使用风险，不利于人民币的国际化进程。

（二）对外贸易方式不利于人民币在国际贸易中履行计价结算职能

在全球化分工体系下，跨国公司在世界范围内优化资源配置，把生产工序中附加值高的环节放在发达国家、中端环节放在中等发达国家、低端环节放在发展中国家。这种生产安排导致全球贸易货物流随之发生变化，发展中国家从

出口原材料进口制成品转变为出口制成品进口零部件，发达国家从出口制成品进口原材料转变为出口零部件进口制成品。在以加工贸易为主体的模式下，我国名义上是最终产品的出口国，而且出口商品差异化程度日益提高，但实际上对这些出口品的贡献仅产生于加工装配等低端生产环节，因此我国对外贸易商品结构的实际优化程度远低于名义优化程度，更缺少对这些产品的定价权和计价结算货币的选择权。

（三）缺乏具有行业主导地位的大型跨国公司，导致国际贸易市场份额优势无法转化为货币优势

我国很多产品在世界市场上占较大份额，有些甚至垄断出口市场，这是推进人民币国际化的一个有利条件。但由于国内各行业普遍缺乏具有全球主导地位的大型跨国公司，在国际贸易中贸易主体多、平均规模小，分散定价难以形成合力，在贸易谈判中无法取得有利地位，不能将市场份额优势转化为货币优势。

（四）人民币国际化的微观基础不牢

企业在研发过程中要承担大量的成本和失败风险，由于国内缺乏严格的产权保护机制，新技术容易外溢，企业得不到应有回报，自然就没有创新的积极性。企业薄弱的技术创新和自主研发能力，难以将我国制造业提升到全球生产链和价值链的高端位置，从这个意义上讲人民币国际化的微观基础还不牢固。

四、人民币国际化的路径设计

在资本项目短期内不能完全开放的情况下，推进人民币国际化要同时解决人民币的输入和输出问题。具体说来，就是要依据我国在不同市场所具备的比较优势推行以下三种策略。

（一）在区域市场内实行“计价结算+对外投资+离岸市场”模式

在我国与东盟贸易中推行人民币计价结算。我国对东盟出口产品结构要优于进口，这意味着我国出口商在贸易谈判中更有优势，更易掌握计价结算货币的选择权，这有利于推行人民币计价结算。近年来，我国与东盟贸易逆差不断扩大，若以人民币计价结算会有利于人民币输出。而且东盟拟于2015年建成经济共同体，基础性工作需要大量资金投入，我国政府可鼓励国内资本以人民币形式向东盟投资，这既有利于向东盟输出人民币又能为国内剩余资本尤其是民间资本寻求出路。此外，香港人民币离岸市场也可为中国—东盟贸易提供人民币资产。

在我国与中国港澳台地区以及韩国等周边国家贸易中推行人民币计价结算。香港人民币离岸市场可为港澳台贸易商提供充足的人民币用于计价结算，大陆经贸渠道流出的人民币反过来又会促进香港人民币离岸市场的发展，进而产生良性循环，提高人民币的吸引力。

（二）在远端市场实行“计价结算+投资援助”模式

我国对印度、巴西、俄罗斯、南非等金砖国家及非洲地区的贸易产品结构也有利于推行以人民币计价结算。金砖国家处于经济市场化初期、中期阶段，非洲地区尚处于工业化起步阶段，这些经济体既需要来自中国的工业制造品，又需要外商直接投资。由于这些经济体从香港离岸市场获取人民币的成本相对较高，我国政府可鼓励国内以人民币向这些国家投资也可直接对其提供经济援助，以此输出人民币，为人民币计价结算提供资金来源。

（三）在亚洲范围内推行石油等国际大宗商品人民币计价

充当国际大宗商品尤其是能源的计价结算货币往往是货币崛起的起点，19世纪的“煤炭—英镑”、20世纪的“石油—美元”体系便是很好的例证。我国目前是全球第二大石油消费国，石油对外依存度高，但全球2/3的石油交易是以美元计价。从当前形势看，国际石油计价交易货币多样化的趋势已开始形成，海湾产油国以及俄罗斯、苏丹等正在寻求石油贸易非美元化，愿意以人民币计价结算，一些欧佩克国家也希望石油贸易以多元货币进行计价结算。我国可利用这些有利时机通过与俄罗斯、伊朗等国签署双边协议推动亚洲范围内石油贸易以人民币计价结算，并通过石油人民币的积累来推动人民币离岸市场的发展和国际化进程。

（四）人民币国际化中远期战略

随着人民币在国际贸易中计价结算比重的提高，会在全球范围内形成对人民币持续增长的需求。同时我国通过深化经济体制改革，转方式、调结构、促进经济健康平稳增长，为人民币国际化提供强大的经济支撑。通过实现资本账户有序开放，完善国内金融市场体系改革，实现利率、汇率市场化，建立先进高效的人民币清算体系，增强国内金融机构的全球竞争力，为人民币国际化提供完善的金融市场条件。通过提高企业技术创新能力，培育一批具有行业主导地位的大型跨国企业，为人民币国际化奠定坚实的微观基础。这样，人民币自然会由国际贸易计价结算需求派生出金融交易的计价结算需求及外汇储备需求，进而从使用范围和职能两个方面实现完全的国际化。

人民币对周边国家跨境流动问题探析
——基于云南省人民币跨境流动监测情况的分析

中国人民银行昆明中心支行调查统计处

近年来，随着人民币在边境地区流入、流出量的逐年扩大，人民币现金在周边国家滞留量的增加，给人民币发行、管理带来许多新的问题，并对国内货币政策的传导效应产生一定影响。

一、自 2004 年以来，人民币跨境流动的发展情况

（一）人民币跨境流动的规模

据监测显示，自 2004 年以来，云南省与周边越南、老挝和缅甸三国人民币跨境流量呈现逐年增长的态势。到 2012 年，人民币跨境流入流出量为 1331.95 亿元①，年均增速为 23.67%。其中，流入量 703.92 亿元，年均增速 27.92%；流出量 628.03 亿元，年均增速 20.09%。

从流入流出量的增长速度来看，可将 2004 年以来人民币跨境流动发展分为两个阶段：第一阶段为 2004~2009 年，人民币跨境流量平稳增长，流入流出量的年平均增速为 22.77%，总体呈净流出态势。其中 2007~2009 年，由于受到国

① 人民币跨境流入流出量=进出境人员携带现金量+非居民存款额+双方以人民币投资流量+货物贸易人民币结算流量+与邻国劳务承包工程的人民币流量+外方私营银行在我方银行人民币存款额+双方银行人民币现金调运量+人民币毒品交易额+用人民币出境赌博额+地下钱庄人民币流入流出量。

其中，进出境人员携带现金量=（出境人数+入境人数）×人均携带人民币数额；出入境人数从海关取得，人均携带人民币数额通过不少于 300 份问卷调查后计算所得。

非居民存款额=边境我方银行储蓄存款增量×境外居民新增储蓄存款占新增储蓄存款的比例；边境我方银行储蓄存款增量来源于人民银行信贷收支表，境外居民新增储蓄存款占新增储蓄存款的比例由调查计算所得。

双方以人民币投资流量：向企业发放问卷，调查汇总计算所得。

货物贸易人民币结算流量=边贸出口额×出口用人民币结算的占比+边贸进口额×进口用人民币结算的占比；边贸进出口额从海关取得，进出口用人民币结算的占比通过抽样调查边贸企业后计算所得。

与邻国劳务承包工程的人民币流量：主要指工程队带进带出的生产和生活资金，从商务部门和向企业调查获取数据。

外方私营银行在我方银行人民币存款额和双方银行人民币现金调运量：从边境我方银行获取数据。

人民币毒品交易额和用人民币出境赌博额：从公安、边防和海关获取数据。

地下钱庄人民币流入流出量：民间调查所得。

图　2004年至2012年云南省人民币跨境流入流出量

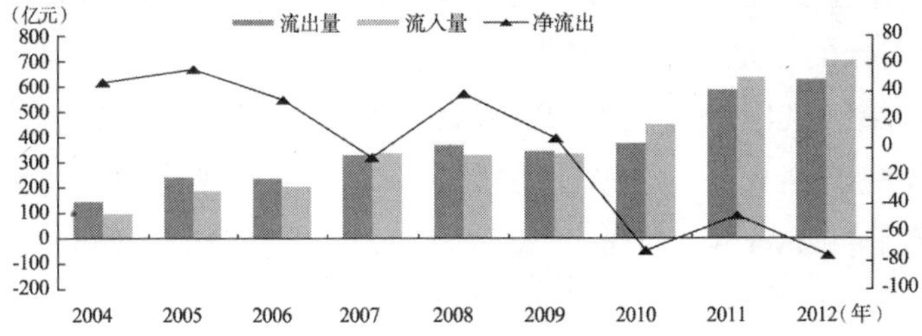

际金融危机影响和缅甸果敢事件的波及，边境贸易量下滑，人民币跨境流量增长极为缓慢。

第二阶段为2010~2012年，人民币跨境流量的增长速度明显加快，流动规模迅速扩大。随着云南省成为跨境贸易人民币结算的试点省份，云南省银行系统全面推进与周边越南、老挝和缅甸三国跨境贸易人民币结算工作，促进贸易和投资便利化，推动人民币跨境流量快速增长。此阶段人民币跨境流入流出量的年平均增速达到25.19%。且呈现净回流态势，到2012年，净流入量为75.88亿元。

（二）人民币跨境流动的途径

近年来，人民币跨境流动的途径基本为：一是进出境人员携带现金到对方国家进行消费支出及其他支出；二是货物贸易通过人民币进行结算；三是毒品交易；四是跨境人民币投资；五是经营人民币的地下钱庄；六是其他项，主要包括跨境承包工程、出境赌博、境外银行在我方存款、中越现金调运等。从历年来的数据看，进出境人员携带现金和货物贸易为最主要流动途径，两项占到了总流入流出量的90%以上。以2012年的数据为例，进出境人员携带935.71亿元，占总流入流出量的70.25%；货物贸易296.4亿元，占22.25%；毒品交易63.02亿元（属推算）[①]，占4.73%；跨境投资18.52亿元，占1.39%；非居民存款占0.73%；地下钱庄占0.33%；其余的数量很小，占比合计不到1%。

（三）境外人民币存量的推算

人民币境外存量主要分布在两个区域：自然流动区和受限使用区。自然流动区是在边境地区经济和社会生活高度一体化的基础上产生的自发的流动区域，分布在边境线外方一侧，纵深一般为70~180公里，最深可达300公里，是境外人民币流量的汇集地。在这个区域内人民币与本国货币平行使用，发挥价值尺度、交换手段、储藏手段的职能，周边国家的人民币在这个区域大量集聚（包括从其他渠道流入该国的人民币也向这些区域集聚，由此也可以解释在云南边境连续几年呈现净流入状态下，境外人民币存量反而增加的原因）。受限使用区散布

① 毒品交易=海洛因交易量+新型毒品交易量。

其中，海洛因交易量=鸦片种植面积（千亩）×鸦片每亩产量（公斤）×用于加工海洛因的比例×海洛因产量系数×流入中国的比例×每吨价格（万元）×人民币结算比例。

新型毒品交易量=新型毒品缴获量/占总产量的比重×价格。

在周边三国主要城市的旅游景点、宾馆饭店、部分购物场所、华人社区，在这些星罗棋布的区域内，人民币主要充当交换媒介。由于缺乏一种可行的方法，到目前为止我们对这两个区域的人民币存量只能作大概的推算。经粗略推算①，在三国的境外存量规模大约是：2004 年为 49.58 亿元，2005 年为 67.92 亿元，2006 年为 69.23 亿元，2007 年为 108.04 亿元，2008 年为 112.69 亿元，2009 年为 109.57 亿元，2010 年为 133.98 亿元，2011 年为 199.16 亿元，2012 年为 212.12 亿元。总体判断是：境外存量呈现逐年增长的态势。

二、自 2004 年以来，人民币跨境流动的特点

（一）现钞流动是人民币跨境流动的主要方式

我国和周边三国的进出境人员无论从事贸易活动、旅游观光还是探亲消费、赌博等都将所需资金以现钞的形式随身携带，进出境人员的频繁往来带动了人民币现金频繁的跨境流动，从而使随身携带现金成为人民币跨境流动的主要方式。从监测数据看，五成以上的跨境流量都是通过携带现金流产生的。2004~2007 年，边境贸易持续活跃，贸易成交额大幅增加，加之银行体系未能提供必要的结算服务，导致了携带人民币的进出境人数和现金量迅速增加。2008~2010 年，在人民银行的大力推动下，中外银行间结算渠道逐步疏通，货物贸易人民币结算流量大幅增加，减少了对跨境支付的现金需求，携带人民币进出境的金额有所下降。2011 年，进出境人员的现金携带量大幅增长，全年现金携带量 935.82 亿元，比 2010 年的 569.68 亿元增长了 64.27%，主要原因是进出口主要商品价格普遍上涨，推动边境贸易成交额增加。同时，口岸基础设施建设进一步完善，通关便利化程度提高，使携带大额人民币现金的进出境人数和人均携带现金的金额增加。据调查显示，2011 年进出境人数是 1865.54 万人，比 2010 年的 1509.91 万人增长 23.55%；2011 年人均携带人民币现金数额为 5016 元，比 2010 年的 3773 元增长了 32.94%。2012 年，出入境人员携带人民币数额并未延续 2011 年那样大幅增长的态势，全年出入境人数同比增长 18.13%，出入境人员携带人民币数额同比减少 0.11 亿元，人均携带人民币数额同比减少 15.35%。

（二）货物贸易人民币结算量持续增长

监测数据显示，六年来货物贸易人民币结算呈持续增长的态势（见表 1）。2012 年，货物贸易人民币结算流量为 247.07 亿元，年均增速为 23.04%。其中出口以人民币结算额 159.03 亿元，年均增速 23.67%；进口以人民币结算额 88.04 亿元，年均增速 21.95%。随着中国—东盟自由贸易区和大湄公河次区域经济合

① 人民币境外存量=外方社会商品交易总额×人民币在外方市场交易占比/境外市场中人民币的平均周转次数+外方银行人民币存款额。

其中，除了外方社会商品交易总额从商务局获取外，其他数据都是通过问卷或抽样调查获取。

表　云南省人民币跨境流动中货物贸易人民币结算流量情况表　（单位：亿元）

年份	货物贸易人民币结算流量	其中	
		出口以人民币结算数额	进口以人民币结算数额
2006	71.22	44.45	26.77
2007	98.17	68.30	29.87
2008	133.55	66.05	67.50
2009	153.02	107.95	45.07
2010	213.79	159.22	54.57
2011	225.72	157.95	67.77
2012	247.07	159.03	88.04

作的进一步加深，云南与缅甸、老挝和越南等周边国家的经贸往来更加密切，边境货物贸易额快速增长。受人民币升值预期的影响，为减少货币交易环节和规避汇率风险，中国的贸易出口商更愿意选择人民币结算，从而使云南省的货物贸易特别是边贸进出口保持了以人民币为主的结算方式，人民币在周边国家越来越“紧俏”。

（三）人民币跨境投资不断扩大

据监测显示，2012年，云南省人民币跨境投资累计为18.52亿元，自2004年以来的年均增速为7.51%，但年度间增幅波动较大，有些年份甚至为负增长，这主要是受到邻国政治、经济动荡的影响。如2006~2007年，缅甸政府对部分自治区域进行管制，与云南省接壤的一些口岸和通道被缅政府关闭，跨境投资受阻；又如2007~2008年，受越南经济危机的影响，中方对越投资持观望态度，投资额下降。从长期来看，基于我国对周边三国资源类产品的巨大需求和中国与周边三国经济发展的梯度形态所引发的资本性流动趋势，以及毒品替代种植产业规模的持续扩大，人民币跨境投资将保持不断扩大的态势。

三、当前人民币跨境流动中应当关注的问题

（一）人民币跨境流动规模不断增大，加大了货币政策有效实施和反洗钱监测的难度

一是随着跨境人民币业务向纵深发展，人民币可能遭遇“特里芬困境”。在周边国家对人民币需求增大的推动下，人民币的发行量可能会增加，从而有可能形成通货膨胀的潜在压力。二是人民币跨境流动，会使我国货币政策的操作面临“内外均衡冲突”。当我国出现通胀时，采用提高利率的货币政策进行调节，结果境外人民币回流，国内人民币增加，货币政策失效；当国内通货紧缩时，采取降低利率的政策，结果国内人民币外流，国内货币减少，货币政策失效。三是境内外人民币利率和汇率迥异会产生

人民币的套利问题。随着境外人民币流通规模的扩大，在周边国家会形成不同的人民币利率和汇率，导致人民币资金跨境套利和套汇，进而对边境地区的经济金融稳定造成冲击，使得人民币利率市场化和保持人民币汇率稳定变得更加困难。四是由于现金交易仍是边境口岸各种交易结算的主要方式，滋生了非法人民币交易，“地摊银行”应运而生并得到更大的发展空间，为境外洗钱人员提供了可乘之机。

（二）边境人民币的回流渠道单一

目前，人民币回流的渠道主要还是依靠边境外方商人、边民购买中方产品等，回流渠道相对还比较单一。而由于人民币现金进出境每人每次限额仅为20000元，虽然基本满足边民互市，但仍不能满足边贸发展的需要。在边境贸易过程中，为实现交易，逃避监管，人民币非法跨境流动及化整为零携带人民币的行为经常发生，对人民币跨境管理和人民币的有效回流产生了很大的阻碍。

（三）缺乏合理的人民币与周边国家货币官方定价机制

人民币与周边国家货币均为国际非自由兑换货币，在双边汇率形成上需以第三国货币（美元）作为中介货币进行套算定价，目前尚未形成一个合理的官方汇率形成机制，导致在银行双边货币清算及汇兑环节中手续较为复杂，兑换成本较高、资金清算时间较长，从而制约了跨境资金清算体系的建设，也促使人民币与周边国家货币兑换平行市场的滋生。此外，由于官方汇率往往与市场价格偏离较大，官方汇率很难被市场接受，加上周边国家货币币值波动较大，大多境内金融机构缺乏挂牌办理人民币与周边国家货币兑换业务的动力，阻碍了正规货币兑换渠道的建设。

（四）金融机构缺乏畅通的周边国家货币头寸清算渠道

目前，外币头寸平盘问题是制约金融机构开展人民币与周边国家货币兑换业务的最大阻碍。由于周边国家货币币值不稳定，汇率波动较大，商业银行基于风险控制原则，不愿保留外币头寸，而急于在市场平盘。目前三种主要银行头寸平盘清算模式（中方银行与对方银行对开账户互存清算模式，中方银行与中方银行同行平盘模式，中方银行与“地摊银行”询价平盘模式）缺乏快捷、安全、便利的特性，难以满足双边货币兑换以及市场规范运行的需要。此外，目前除了农业银行河口县支行具有越南盾现钞调运资格外，银行产生的外币头寸如何进行消化、调运、定价都是有待解决的问题，直接导致商业银行机构布局和渠道优势难以发挥。

我国货币政策传导有效性与趋势分析

中国人民银行郑州中心支行调查统计处
中国人民银行濮阳市中心支行调查统计科

货币政策是市场经济条件下进行宏观经济调控的重要手段，随着我国经济制度的变迁，金融改革的深化和宏观调控方式的转轨，全球经济形势日益复杂，特别是当前金融危机的蔓延，货币政策传导问题越来越受关注。深入探讨我国货币政策传导的时滞与有效性不仅具有理论意义，更具有极其重要的现实意义。

一、货币政策传导机制理论分析

（一）货币政策传导机制的含义

货币政策传导机制是指一定的货币政策手段，通过经济体制内的各种经济变量，影响到整个社会经济活动，进而实现既定的货币政策目标，使企业和居民不断调整自己的经济行为，达到国民经济新的均衡的作用过程。简而言之，它是中央银行货币政策工具的实施到货币政策最终目标实现的中间过程。

（二）货币政策传导机制的构成要素

货币政策传导机制是一个复杂的系统工程，其构成要素按照货币政策实施的内在规律可以分为经济变量，传导主体与载体。经济变量包括货币政策工具、操作目标、中间目标和最终目标等；传导主体与载体包括中央银行、商业银行及其他非银行金融机构和金融市场、企业和居民等。

（三）货币政策传导渠道

1. 货币渠道。一是利率渠道。这是货币政策传导的基本渠道，当中央银行实行紧缩的货币政策时，会引起实际利率的上升，增加资本的成本，进而导致投资的减少，从而使得总需求和总产出下降。此外，还有货币政策传导的汇率渠道，这实际是对利率渠道的一种补充，当实行紧缩的货币政策时，会引起国内实际利率的提高，然后引起资金的流入，引起本币升值，进而使得净出口和总产出的下降。

二是资产价格渠道。这里有两种资产价格传导渠道，分别是 q 理论和消费的财富效应。所谓的 q 即企业的市场价值（一般是指它的股票价值）除以其资本的重置成本所得到的值，托宾 q 效应的传导原理是：当货币供应量 M 上升时，利率则会下降，股票价格会上升，更高的股票价格将会导致更高的 q。根据 q 理论，这会引起投资支出上升，这样就会催生更高的投资支出，进而推动经济增长，反之则相反。

2. 信贷渠道。一是资产负债表渠道。资产负债表渠道的典型传导过程可作如下描述：假定在初始时期经济主体负债过度，放款人通过调查发现项目所有者处境不佳，要求清偿债务或者贷款人发现资信情况变差后主动减少杠杆，贷款人只能选择低价出售资产和卖出项目。银行和放款人收回债务后，准备金和现金储备的增加将会导致货币乘数下降，从而经济中流通的货币总量的减少，这就会使得投资进一步萎缩。这种萎缩和前面的低价抛售资产共同导致物价水平下降，在没有政策干预的条件下，会加速企业的破产，生产、贸易、就业都将会减少，企业利润下降，从而导致人们悲观的情绪并丧失信心，这又进一步加剧了囤积现金的行为和货币流通的进一步下降。

二是银行贷款渠道。银行贷款渠道理论主要针对中小企业来进行理论分析的，由于中小企业不能像大企业那样直接发行股票和债券来获得资金，当中央银行实行紧缩的货币政策时，银行的贷款会随之减少，企业的投资也会下降，最终总产出将会下降。

二、我国货币政策传导有效性的实证分析

（一）变量的选取与处理

中央银行货币政策利用利率的杠杆作用，通过货币政策影响货币供应量，货币供应量的变化使得利率发生变化，进一步影响消费和投资的变化，并最终作用于生产环节，使产出水平发生变化。因此，在分析利率传导机制时需要研究的变量一般包括货币供应量、利率、消费、投资和产出。本文选择 M2 代表货币供应量的变化，用银行间隔夜拆借利率 r 作为市场利率的度量指标，用固定资产投资额 k 作为衡量投资的指标，用社会消费品零售总额 h 作为衡量消费的指标，用国内生产总值 q 作为度量产出的指标。数据来源于中国人民银行网站和国家统计局网站，所用数据均为 2002 年 1 月至 2011 年 12 月的月度数据。

我们对具有季节波动性特征的货币供应量 $M2$、固定资产投资额 k、社会消费品零售总额 h 和工业增加值 q，用 X-12 方法进行季节调整，将调整后的序列分别记为 $M2x$、kx、hx 和 qx。为了消除异方差，对上述变量取对数后，分别记为 $LM2x$、Lr、Lkx、Lhx 和 Lqx。

（二）VAR 模型相关分析

我们利用 Eviews6.0 软件，通过 ADF 方法对变量进行平稳性检验，结果显示，在 5%的显著性水平下，5 个变量

均为一阶单整序列。以5个变量为内生变量，建立利率传导渠道的VAR (2) 模型，在此基础上进行脉冲响应函数分析，结果显示，我国货币供应量的变化短期内对市场利率的影响效果比较微弱。市场利率的降低在短期能够导致投资和消费一定程度的增长，但这种影响程度总体来说比较小。随着市场利率的降低短期内会导致产出水平的一定增长，但产出水平的增长幅度并不大。

VAR模型的方差分解结果显示，我国货币政策操作短期内对市场利率的传导有效性很低。从传导性来看，我国市场利率变化对固定资产投资变化影响很低，对社会消费品零售总额的影响度不大，只是在短期内具有一定的传导效应。与固定资产投资一样，工业增加值的预测误差也主要受自身信息因素影响。

实证检验表明，中央银行通过调整货币政策操作从而引起货币供应量的变动，但是这一变动很难促成市场利率的有效变动，这无疑降低了货币政策对市场利率的传导效应。长期来看，固定资产投资和社会消费品零售总额的变动受市场利率变动的影响较小，而在短期内，投资和消费受市场利率的影响也较小，这使得中央银行无法通过利率调节有效控制投资和消费规模。这足以说明我国货币政策的利率传导渠道的有效性较低、灵敏性较差。中央银行货币政策的有效性和灵敏性很大程度取决于货币政策利率传导渠道是否畅通。从本文的分析来看，我国货币政策效应的不明显很大程度上是因为货币政策传导渠道的堵塞。

三、我国货币政策传导趋势分析

（一）我国货币政策的利率传导趋势分析

从货币政策利率传导渠道看，利率的变化理论上能够导致消费、投资、汇率和国际收支的变化。但在我国现实背景中，利率机制的形成与发达国家不同。一方面，在货币市场上，利率已经具有市场化的基础，国债、政策性金融债券的利率确定也开始采用市场化定价方法；另一方面，作为金融市场主体组成部分的银行存贷款利率仍然由中央银行以行政方式确定，使利率机制从总体上表现出外生性质，这使得中央银行对货币市场调节中的利率和金融机构、其他金融市场上的利率分别具有不同的形成机制，两者的运行相互脱节，未能形成连动机制。而利率对经济运行的作用，主要通过金融机构与企业和住户之间的利率传导实现，这种脱节使货币市场利率的导向性作用下降，也使货币市场利率反映整个社会资金供求的可信度下降。因此，当前背景下在整个资金运行中发挥核心作用的仍然是管制利率，中央银行通过货币市场利率引导金融机构与企业和住户之间的利率并调节社会资金运行的机制并未真正形成，是导致现阶段货币政策利率传导机制不显著的主要原因，利率传导机制的畅通与否取决于我国利率市场化进程。当前背景下我国利率市场化进程仍需按照“先长期后短期，先大额后小额”的渐进步骤审慎推进，且依赖于稳定的宏观经济环境，稳定的宏观经济环境有利于维持银行和企业间的稳定关系，降低市场利率波动幅度。因此，利率传导机制的持续改善和我国利率市场化进程为一个中长期的同步过程，短期内难以一蹴而就。

（二）我国货币政策的信贷和资产价格传导趋势分析

当前我国货币政策的信贷传导渠道和资产价格渠道存在的主要问题表现为传导效果的不平衡性，即货币政策通过信贷渠道和资产价格渠道在大型企业和中小企业之间、实体经济和虚拟经济之间传导效果的非对称性，这种非对称性导致金融机构集中于大城市、信贷投放集中于大型企业尤其是国有企业。而大型企业实业投资增长缓慢、房地产等非实业投资比重偏大，致使货币政策的适度宽松效果更多的表现在资产市场而不是实体经济，紧缩效果则主要体现为中小企业、非国有经济和实体经济的紧缩。这种传导效果的结构性扭曲源自中小企业融资较为困难和虚拟经济的过度自我膨胀。虽然近年来为了解决中小企业融资难尤其是贷款难问题，已经做了大量的指导工作，但中小企业融资难问题并没有从根本上得以解决，除了信贷担保体系建设滞后等已被普遍关注的体制性障碍之外，企业资产负债状况变化引起的信贷困难也是一个重要方面。虚拟经济的过度自我膨胀则主要源自近两年实体经济和虚拟经济收益率的差异导致资金流向的变化，大量的市场流动资金自发流入效率较低的资产市场，制造业等实体经济资金流动性则趋紧，货币政策在各产业间的传导效率和质量整体被削弱。

整体来看，无论是中小企业融资困难，还是虚拟经济的过度自我膨胀，根本原因均是宏观经济环境和产业结构失衡。因此，未来货币政策信贷和资产价格传导渠道的畅通程度取决于经济结构战略转型升级进度和市场环境的进一步规范有序。从近期看，2013 年以来宏观政策在审慎稳健的原则下更加注重平衡速度、结构和物价之间的关系，预调微调和结构性改革措施的效果正在逐步显现，各项资源配置进一步整合优化。从中长期看，中国经济结构的战略转型升级、收入分配体制改革及内需的扩大进程仍将持续一段时间，但这个过程将进一步释放增长的潜力。因此，货币政策的信贷传导渠道和资产价格渠道受阻在短期内也将会持续，中长期内将伴随宏观经济环境的向好而逐步畅通。

（三）我国货币政策传导的经济环境展望

从宏观经济环境看，当前我国经济面临的国内外环境依然复杂，外需在受到国际金融危机及欧债危机的持续影响的情况下较为疲弱，尤其是主要发达经济体新一轮宽松货币政策对我国等新兴经济体的影响存在一定程度的不确定性。无论是欧洲中央银行的 OMT 还是美联储的 QE3，在总规模和持续时间上都存在较大的不确定性，并可能加剧新兴市场经济体的跨境资本流动规模，导致其本币币值出现短期剧烈波动。从内部环境看，市场需求和供给矛盾较为突出，在结构性及周期性等多重因素的共同作用下，经济增长受到一定影响，经济结构调整和转变发展方式的任务显得更加紧迫。但支撑中国经济平稳较快发展的基本面并未发生根本性变化，我国仍处于城镇化、信息化、工业化和农业现代化的进程中，增长潜力较大，宏观政策在审慎稳健的原则下更加灵活，经济结构调整步伐逐步加快，经济内生性增长动力逐步增强，这将为未来我国货币政策传导机制的逐步完善奠定良好基础。

四、政策建议

一是加快货币政策传导的微观主体改革。增强中央银行调控的独立性、时效性和科学性，继续深化国有商业银行体制改革，加大国有企业体制转变和拓宽居民投融资渠道，提高货币政策的传导效率。

二是加快货币政策传导杠杆的改革。加快利率市场化进程和汇率形成机制改革，提高货币政策工具的运作效率，促进货币传导机制的畅通。

三是完善货币政策传导的金融市场载体建设。加快健全和完善货币市场、资本市场，加强金融中介机构的金融监管和内控机制，完善货币市场与资本市场的联动机制，为货币政策的有效、快速传导提供良好的市场环境。

课题组成员：刘艳丽　宋鹏飞
王法俊　申新红

主要经济体非常规货币政策效应实证研究

——基于联立方程与“反事实”分析

中国人民银行长沙中心支行调查统计处

2012年9月欧洲中央银行、美联储和日本银行相继推出了新一轮以“量化宽松”为主的非常规货币政策，本文运用联立方程和“反事实”研究理论对美国、欧盟、英国、日本中央银行金融危机后实施的非常规货币政策工具效应进行了较为详细的分析。

一、基于联立方程的非常规货币政策效应分析

（一）联立方程结果及解释

根据经济学理论，中央银行宏观调控的政策目标包括充分就业、经济增长、物价稳定和国际收支平衡。四大中央银行“非常规货币政策”的实践表明，其主要是通过降低长期利率来促进经济增长和降低失业率。因此，结合中央银行政策目标与“非常规货币政策”实践，以美国非常规货币政策为例，本文构造如下联立方程：

货币供应量方程：

$$\Delta M2 = \Delta QE = \Delta MBS + \Delta FEDDT + \Delta TREASURY + \Delta OTHER \quad (1)$$

上式假设，*M*2的变化主要是由非常规货币政策（*QE*）引起的，包括了*MBS*（抵押支持债券）、*FEDDT*（联邦机构债券）、*TREASURY*（国债）、*OTHER*（其他）等各种形式的非常规货币政策。

利率方程：

$$R = C_{10} + C_{11} \times \Delta M2 + C_{12} \times R_{t-1} \quad (2)$$

方程(2)假设，由非常规货币政策引起的*M*2增加会降低长期利率（*R*，估计系数预期为负），由于非常规货币政策的主要目标是降低长期利率，因此选择10年期国债收益率作为长期利率的替代指标。

贷款方程：

$$LOAN_t = C_{20} + C_{21} \times R_t + C_{22} \times LOAN_{t-1} \quad (3)$$

上式假定：由于长期利率下降，贷款会增加，估计系数预期为负。

通胀方程：

$$CPI = C_{30} + C_{31} \times R + C_{32} \times CPI_{t-1} \quad (4)$$

方程（4）表示长期利率下降会引起通胀，估计系数预期为负。

资产价格方程：

$$SP500 = C_{40} + C_{41} \times R + C_{42} \times SP500_{t-1} \quad (5)$$

方程（5）假设股票价格指数主要受长期利率及其上期价格影响，利率下降，股价上升，估计系数预期为负。

汇率方程：

$$E_t = C_{50} + C_{51} \times R_t + C_{52} \times E_{t-1} \quad (6)$$

方程（6）中，E指有效汇率，该方程表示长期利率下降，国内投资者会选择收益较高的国外资产，因此本币贬值，汇率下降，估计系数预期为负。

收入方程：

$$Y = C_{60} + C_{61} \times LOAN + C_{62} \times CPI_t + C_{63} \times E_t + C_{64} \times SP500_t \quad (7)$$

方程（7）表明，"量化宽松"导致长期利率下降，由于贷款、通胀、汇率和股票变化包含 QE 变化，因此可相应计算出 QE 对经济增长的影响。

失业率方程：

$$URATE_t = C_{70} + C_{71} \times Y_t + C_{72} \times URATE_{t-1} \quad (8)$$

由方程（8）可推算出，由"量化宽松"对失业率的影响。

（二）联立方程结果及解释①

运用上述方程（1）~（8），对 2007 年三季度至 2013 年一季度各国实施的非常规货币政策效果进行了估计，结果显示：

1. 美国非常规货币政策具有资产组合效应和通胀效应。美国联立方程结果显示，非常规货币政策引起的通胀和资产价格变化对经济增长是显著的。具体而言，方程（1）~（6）经济意义分别是：非常规货币政策（主要是量化宽松）每增加 1%，长期利率会下降约 1.09%；而长期利率每下降 1%，资产价格和通胀分别会提高 0.84%和 0.09%；结合方程（7）~（8）得出，非常规货币政策提高 1%通过通胀和资产价格提高将使经济增长分别提高约 0.50 个和 1.47 个百分点，失业率分别下降约 0.06 个和 0.17 个百分点。

从实际情况看，危机以来美国三轮非常规货币政策期间，股票价格及主要宏观经济变量的走势与联立方程得出的结果基本一致，表明美国非常规货币政策主要是通过资产组合效应和通胀效应来促进经济增长和降低失业率。

2. 欧洲非常规货币政策具有汇率贬值效应。欧洲中央银行联立方程结果表明：系数 C（11）、C（51）、C（63）和 C（71）在统计上是显著的。具体地看，非常规货币政策（主要是长期再融资操作）每增加 1%，长期利率会下降约 0.77%；而长期利率每下降 1%，有效汇率指数会下降 4.1%；有效汇率指数下降 1%，经济增长会上升 0.17%，结合收入方程和失业率方程可推断出，非常规货币政策提高 1%通过汇率贬值将使经济增长上升 0.53

① 限于篇幅，省略了美国、欧盟、英国和日本的具体估计结果。

个百分点，失业率下降约0.03个百分点。因此，欧洲量化宽松主要通过汇率贬值效应来提高经济增长和降低失业率。

3. 英国非常规货币政策具有资产组合效应。英国联立方程估计结果显示，系数C (11)、C (41)、C (64) 在统计上是显著的。其经济意义是：非常规货币政策（主要是资产购买）每增加1%，长期利率会下降约0.08%；而长期利率每下降1%，股票指数会上升0.04%；股票指数上升1%，则经济增长会上升3.62%，相应地得出非常规货币政策变化1%通过资产价格变化将带来经济增长率提高约0.32个百分点，失业率下降约0.01个百分点。由此可知，英国非常规货币政策主要通过资产组合效应提高经济增长率和降低失业率。

4. 日本非常规货币政策效应不明显。从日本联立方程估计结果来看，虽然非常规货币政策显著降低了长期利率，但由长期利率的下降引起的其他变化要么在统计上不显著，要么与预期符号相反，可能表明日本实施的非常规货币政策尽管降低了长期利率，但由于传导渠道受阻，效果不明显。

图1 美国“反事实”GDP比较

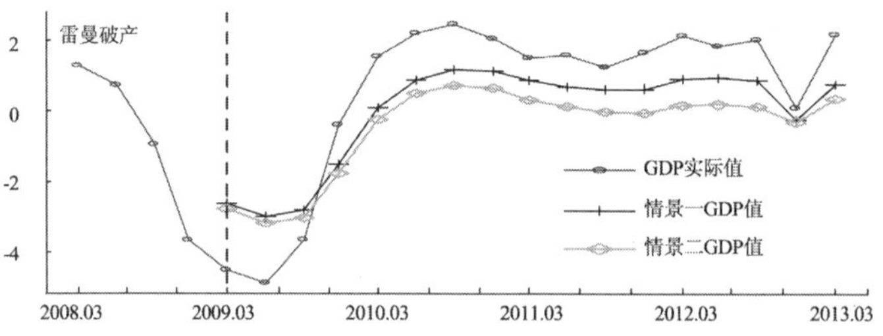

二、基于“反事实”理论的非常规货币政策效应分析

此处的“反事实”理论是指：如果未实施“量化宽松”等非常规货币政策，某国宏观经济变量会如何变化？在各国模型的基础[①]之上，本文构造出两种“反事实”情景。

以美国为例，假设美联储资产购买规模为零，即不实施非常规货币政策。根据其非常规货币政策实践，假设2008年12月以后的LIBOR–OIS息差不下降。据此设计出两种情景：情景一，美联储不实施非常规货币政策并且危机保持在2008年12月状态，即其后的LIBOR–OIS息差保持在2008年12月的水平（228个基点）；情景二，美联储不实施非常规货币政策并且危机逐步加深，假定LIBOR–OIS息差在2008年12月的基础上每季度增加10个基点。

通过“反事实”研究得出的结果表明：如果美联储未实施非常规货币政策，一方面，在情景一下（即危机保持维持不变），GDP增速下降的峰值为1.47

① 为了反应变量的动态特征，“反事实”模拟结果基于VAR模型估计得出。

图2　美国“反事实”CPI比较

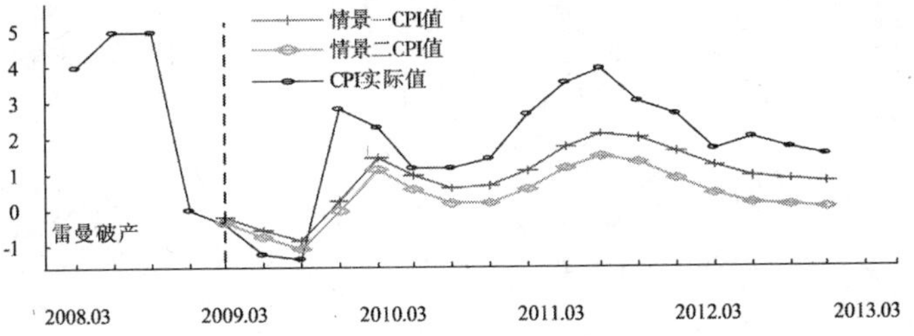

(2010年一季度)，即GDP增速将下降1.47个百分点（GDP增速实际值为1.86%，GDP增速模拟值为0.39%），不实施非常规货币政策将使GDP增速平均下降约0.56个百分点。在情景二下（危机缓慢发展），GDP增速下降最大幅度为1.96个百分点（2012年一季度GDP实际值为2.45%，模拟值为0.49%），平均而言会下降约1个百分点。另一方面，可能会面临通缩风险，在情景一和情景二下，其CPI将分别平均下降约0.82个和1.32个百分点。

此外，运用“反事实”研究对欧洲和英国非常规货币政策的结果显示：在两种情景下，不实施非常规货币政策将分别使欧元区GDP增速平均下降约0.13个和0.42个百分点，CPI分别平均下降约0.32个和1.16个百分点。英国GDP增速可能会下降0.39个和0.63个百分点；CPI分别平均下降约2.04个和3.33个百分点。

三、研究结论

综上所述，危机期间，四大经济体密集推出非常规货币政策，对修复常规货币政策传导机制的效应虽各有不同，但总体而言起到了积极的正面效应。没有这些政策的实施，四大经济体的经济表现将大大逊色于现状。这些政策主要作用有：一是有效降低金融体系快速去杠杆化过程中的通缩压力，以美国的通胀效应最为明显；二是成功降低与投资密切相关的中长期利率；三是直接或间接支持资产价格回升或金融市场回暖；四是间接缓解了经济下行的风险。

执笔：张炎涛

货币当局资产负债表

（单位：亿元）

资　产	2013年5月	负　债	2013年5月
国外资产	257935.69	储备货币	249455.52
外汇	249959.64	货币发行	59636.61
货币黄金	669.84	其他存款性公司存款	189818.91
其他国外资产	7306.21	不计入储备货币的金融性公司存款	1327.10
对政府债权	15312.73	发行债券	11443.38
其中：中央政府	15312.73	国外负债	1220.51
对其他存款性公司债权	11844.24	政府存款	32338.36
对其他金融性公司债权	10022.82	自有资金	219.75
对非金融部门债权	24.99	其他负债	6140.72
其他资产	7004.87		
总资产	302145.34	总负债	302145.34

注：1. 自2011年1月起，人民银行采用国际货币基金组织关于储备货币的定义，不再将其他金融性公司在货币当局的存款计入储备货币。
2. 自2011年初起，境外金融机构在人民银行存款数据计入国外负债项目，不再计入其他存款性公司存款。

货币供应量统计表

（单位：亿元、%）

项　目	2013年5月	
	余额	比同期
货币供应量（M2）	1042169.16	15.79
货币（M1）	310204.48	11.32
流通中货币（M0）	54431.39	10.99
单位活期存款	255773.08	11.39
准货币	731964.68	17.79
单位定期存款	227155.12	25.04
个人存款	442270.15	16.01
其他存款	62539.41	6.94

注：1. 货币供应量已包括住房公积金中心存款和非存款类金融机构在存款类金融机构的存款。
2. 本期数据为初步数。

社会融资规模统计表

（单位：亿元）

项　目	2013年5月
社会融资规模	11856
其中：人民币贷款	6674
外币贷款（折合人民币）	357
委托贷款	1967
信托贷款	992
未贴现银行承兑汇票	-1124
企业债券	2167
非金融企业境内股票融资	231

注：1. 社会融资规模是指一定时期内实体经济从金融体系获得的资金总额，是增量概念。
2. 当期数据为初步统计数。
3. 数据来源于人民银行、发展改革委、证监会、保监会、中央国债登记结算有限责任公司和银行间市场交易商协会等。